まえがき

日本経済の構造は、これまで大きく変化してきました。とりわけ、バブル崩壊後の15～20年間には、幅広い分野で抜本的ともいえる制度、慣行、システムの変化が見られました。この本では、企業、貿易、農業、労働・雇用、金融、財政の6つの分野において、この間どのような変化が起きたのかを的確にとらえ、若干の課題の指摘や展望を行うことを狙いとしています。

各章の著者は、専修大学経済学部の気鋭の若手教員たちです。日ごろの専門分野での研究成果を背景に、学生や若いビジネスマン、そして一般市民の皆さんに、分かりやすい解説を行うことを心がけて、平易に書き下ろしてもらいました。

ところで、専修大学経済学部では、一昨年、つまり2010年の5月から7月にかけて、一般市民の方々を対象に、「低成長下の日本経済」という共通テーマで、連続6回の公開講座を開講しました。実は、この時の講師を務めたのが、本書の6人の著者であり、コーディネーターを務めたのが私でした。

この公開講座の内容を本にしようという企画が持ち上がり、検討を重ねていたのですが、その後経済情勢はめまぐるしく変化し、たとえば昨年3月には、あの東日本大震災が起きました。そこで、6人の著者には、これらの変化も踏まえた最新時点に立って、各分野の構造変化を捉えなおすものとして各章を執筆してもらい、私が新たに震災の影響を意識した序章を書き下ろして出来上がったのが本書です。

どの章から読み始めても、差し支えありません。本書をお読みいただくことで、学生や若いビジネスマンの方々の日本経済への理解が深まり、その将来を論じる際の一助となれば幸いです。

最後に、本書の出版を企画してくださった専修大学出版企画委員会（矢吹満男委員長）と学長室企画課のスタッフの皆さん、そして出版にあたり周到な配慮をしてくださった専修大学出版局の笹岡五郎さんにお礼を申し上げます。

２０１２年2月

著者を代表して　田中隆之

目次

装幀――石澤康之

序　章　東日本大震災と日本経済の構造変化

田中隆之

1　はじめに

日本経済の構造は、この10～20年の間に大きく変化してきました。この変化はさまざまな分野で起きており、それが日本経済全体を大きく変質させています。本書では、各章で、そうした構造変化の個別分野の動きをとらえようとしています。

２０１１年の３月に突然起きた東日本大震災は、多くの貴い人命を奪っただけでなく、日本経済に大きなダメージを与えました。この衝撃は、われわれが明らかにしようとしている日本経済の構造変化の今後の行方にも、影響を与えざるをえないと思われます。それはいったいどのような影響なのか、少し考えてみたいと思います。

大震災は、日本経済に２つの意味できわめて大きなインパクトを与えた、と私は考えます。第１に、経済成長にブレーキをかけ、財政再建という課題に新たな重荷を負わせることになりました。いうまでもなく、これはマイナスのインパクトです。地震そのもの、そしてそれによって引き起こされた津波や原発事故の影響で、経済活動はスローダウンせざるを得ませんでした。復興需要が出てくれば、経済活動を押し上げる力も期待できますが、まさにその復興のためには財源が必要になります。日本経済は、第6章で見るように、これまですでに巨額の財政赤字を抱えており、財政再建を進めようとしていますが、これを進める上での新たな足かせがまたもや発生してしまいました。

震災の影響は、それだけではありません。第2に、震災からの復興をめぐるさまざまな議論が、日本経済の将来を改めて考え直す場を提供している、という事実があります。これは、「転んでもただでは起きない」というように物事を前向きに考えればの話ですが、プラスの側面ととらえることもできます。復興のやり方に関する議論は、多かれ少なかれ「日本経済はこのままでよいのか」という問題を投げかけているからです。つまり、復興の過程で行われる政策が、日本全体の改革のモデルとなる可能性を秘めているわけです。少なくとも、これまでの構造改革や政策の不十分な点、おかしな点を洗い出す効果は十分に持っています。

本章では、まず第1の点、つまり経済へのマイナスのインパクトはどれほどのものだったのか、という点を検討し、次に、第2の、震災を触媒としてわき上がってきた経済の構造に関する議論に触れてみたいと思います。その後に、第1章以降で展開される、本書の内容の見取り図を描いておくことにしましょう。

2　震災による日本経済へのマイナスインパクト

東日本大震災の経済成長への影響

震災の経済へのマイナスインパクトは、先に述べたようにさらに2つの内容に分けることができます。成長へのブレーキと、財政再建への悪影響です。前者は、経済への短期的な影響であって、本書で扱う経済構造の問題とは、あまり関係が強くないと考えられます。しかし、構造的な問題にかかわってくる部分も全くないわけではありません。また、成長にブレーキをかける力の大きさによっては、構造の問題にも影響を与えかねませんから、主としてその大きさを測る、という視点から、ざっと見ておくことにしましょう。

まず、今回の震災の経済活動への影響は、１９９５年1月に発生した阪神・淡路大震災と比べると、非常に大きなものでした。図1は、鉱工業生産指数という統計データで、２つの震災前後の生産活動の水準を示しています。この数字は、モノの生産量をとらえるものであって、いわゆるサービスの生産を含んでいませんが、景気の動向を見る上ではまずもって注目すべき統計です。震災の発生した月の前月の数字を１００として計算し直しているので、発生月にどれほど生産が落ち込んだのか、その後の回復状況はどうなのか、がよくわかります。

阪神・淡路大震災の時には、発生月の水準は97まで下がった程度ですが、東日本大震災では

図１　鉱工業生産指数の推移

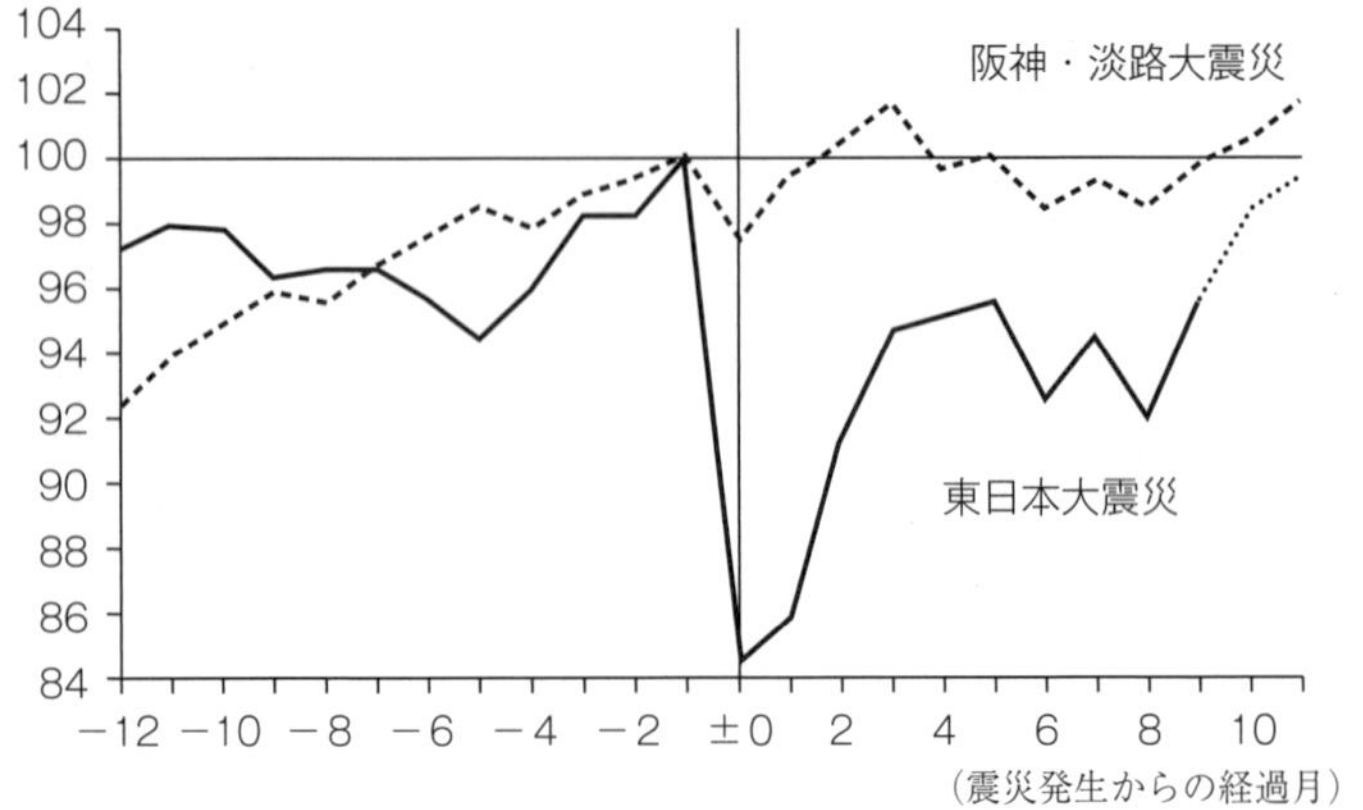

注：右端の点線は、12月時点での2012年１、２月の鉱工業生産予測調査の結果をプロットしたもの。
資料：経済産業省「鉱工業生産指数」より作成。

地震の発生とともに84あたりまで急低下しています。もっとも、その後の回復が急であることもわかります。

両者の差は、どこからきているのでしょうか。表1を見ると、まず地震の規模（マグニチュード）が大きく違いますが、もっと大きな違いは、東日本大震災の場合、被害地域がはるかに広いことや、津波が発生したこと、さらに原発事故が引き起こされたことです。そして、広く被害を受けた東北地方が、自動車やエレクトロニクス製品に代表される製造業の拠点であった、ということが、生産活動低下の大きな要因だったといえます。

もう少し具体的に、今回の大震災が経済成長にブレーキをかけるメカニズムを考えてみましょう。第1には、地震あるいは津波によって生産設備が損壊したために生産ができず、生産

表１　東日本大震災と阪神・淡路大震災の比較

	東日本大震災	阪神・淡路大震災
発生時期	2011年3月11日	1995年1月17日
被害地域	宮城、福島、岩手他	兵庫他
規模（マグニチュード）	9.0	7.3
死者	12,554人	6,432人
行方不明者	15,007人	3人
住家被害（全壊）	45,973戸	104,906棟
住家被害（半壊）	9,760戸	144,274棟
非住家被害	5,686戸	42,496棟
道路損壊	2,126箇所	7,245箇所
橋梁被害	56箇所	330箇所
山がけ崩れ	136箇所	374箇所
（以上データの時点）	（2011年4月6日20時現在）	（2006年確定）
被害額（ストック）	16～25兆円	9.9兆円
補正予算措置	未定（累積で10兆円超）	約3.4兆円

資料：警察庁「平成23年（2011年）東北地方太平洋沖地震の被害状況と警察措置」（2011年4月6日）。兵庫県「阪神・淡路大震災の被害確定について」。東日本大震災の被害額は内閣府試算（2011年3月23日）。

活動が落ち込んだ、という側面があります。この場合には、工場や設備を再建しなければなりませんから、活動が元に戻るには少し時間を要します。

第2には、道路、鉄道、港、空港などが破壊されたことで出荷ができなくなり、やむをえず生産を見合わせるという動きがありました。このように輸送経路が妨げられることを、「サプライチェーンの寸断」と呼びます。しかし、この場合には、輸送経路が復旧すれば生産は戻ることになります。図1で生産の落ち込みが急回復しているのは、サプライチェーンの復旧が急ピッチであったことを示しています。

第3に、夏場の電力不足が生産を制約するのではないか、と心配されました。主として7、8月が電力需要のピークだからです。しかし、自動車メーカーなどが中心になって、木曜、金曜を休みにする代わりに土曜、日曜に工場を動かすことで、電力需要の平準化を図りました。このような対策をデマンド・マネジメントといいますが、その効果もあって、電力不足が生産を制約する効果はさほど大きくなかったと考えられています。

以上3つは供給面から生産活動にブレーキがかかるメカニズムですが、これは需要があってもその需要を満たせないことを意味します。では、どの需要を満たせなかったのかというと、一番大きかったのは海外の需要、つまり輸出です。第2章でもみるように、日本経済はこのところ輸出主導で成長してきたのですが、輸出したくてもできない状況に陥ってしまいました。その次が国内の消費です。ここでは細かい数字は見ませんが、国内総生産（GDP）の需要項目をみると、震災後にこの2つ——純輸出と消費——が大きく落ち込んでいます。

次に、震災のせいで需要自体が減った、という側面に目を転じてみましょう。すなわち第4に、震災の発生を受けて、とりわけ初期の段階で会合やイベントを自粛する動きが目立ちました。これは、飲食店やサービス業などでの消費需要の減退を引き起こしました。第5に、原発風評被害が挙げられます。これは、主として被災地の農水産物を買い控えるという形で、消費を引き下げたとみられます。しかし、少し時間が経って他地域での生産が増加するとそちらに需要がシフトしたと考えられるので、国全体としては大きな制約要因になったとはいえないかもしれません。もっとも、被災地の農水産業に携わる方々にとっては大変な所得減となったわ

図２　実質 GDP 水準の推移

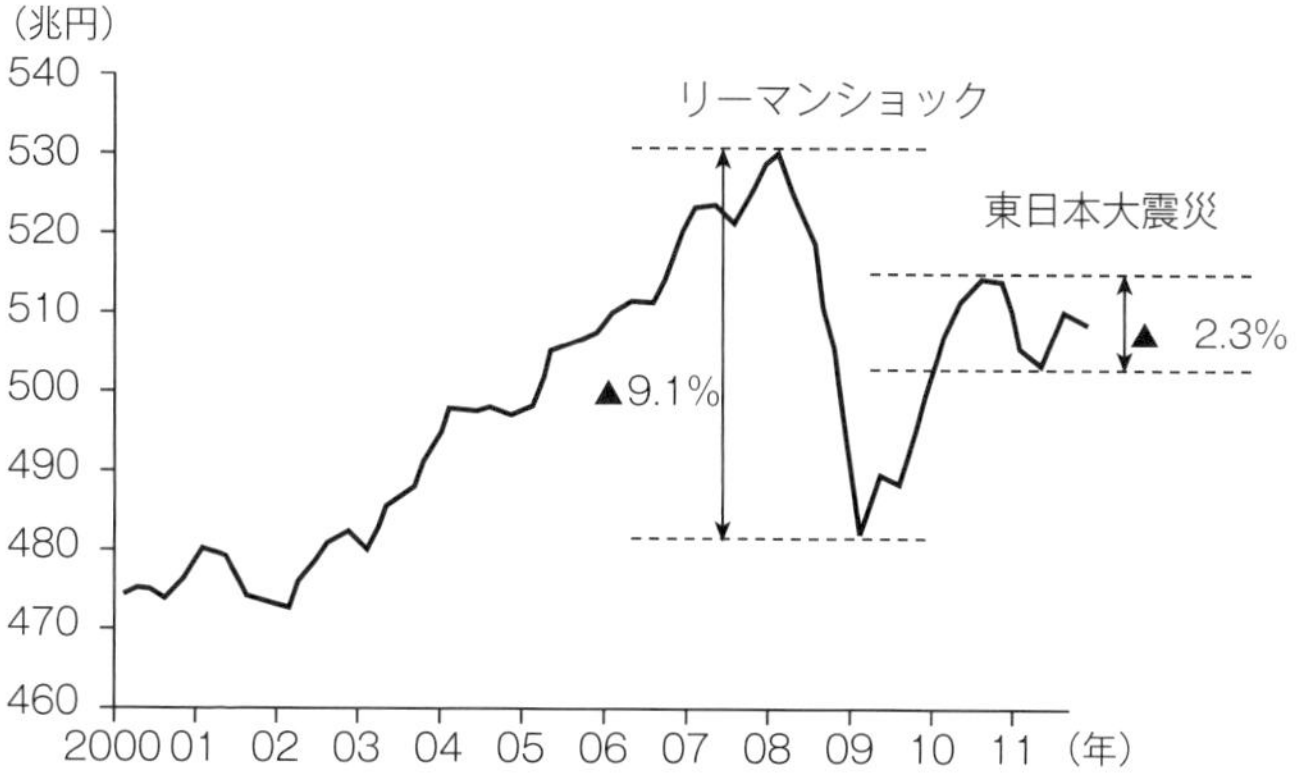

注：実質年率。2005 暦年連鎖価格。2011 年 10 ～ 12 月期まで。
資料：国民経済計算より作成。

けですが。

いずれにしても、先に述べた、ＧＤＰの消費項目の落ち込みは、この需要減退による部分も大きかったと考えられます。

さて、このように阪神・淡路大震災の時と比べると、東日本大震災の成長にブレーキをかける力は格段に大きなものでした。では、それは景気を「腰折れ」させるほど強いものであったか、というと、そこまでのインパクトはなかったというのが結論です。図２は、２０００年以降の実質ＧＤＰの水準を示したものです。リーマンショックの時には、ピーク（山）からボトム（谷）まで９・２％も落ち込んでいますが、東日本大震災のショックでは２・３％にとどまっていることがわかります。

９％もＧＤＰが減少すると、間違いなく景気後退と判断できます。景気が拡張してピークに達し、そこから後退してボトムに達するまでを景気循環といいますが、過去の景気循環をはっきりさせるために、内閣府が景気基準日付というものを公表しています。これによると、リーマンショックを含む世界同時不況・金融危機により戦後第14回目の景気循環がピークを迎えました。その後、２００９年の3月をボトムとして景気は第15循環の拡張の途上にありました。東日本大震災によってこの拡張は中断されましたが、しかし「腰折れ」する、つまり景気拡張期が終わる、というところまではいきませんでした。

震災の構造的な問題への影響

ところで、先に、震災が成長にブレーキをかける問題が、構造問題と関係なくもない、と述べました。その点に少しだけ触れておきます。それは産業の「空洞化」という問題です。生産設備の損壊やサプライチェーンの寸断で、生産・出荷がストップしている間に、出荷先、つまりお客さんが別の地域で生産する企業から買うようになって、お客さんが戻って来なくなってしまう、という事態が心配されます。

おりしも円高が進んでおり、海外製品が安く輸入できますから、もし海外から同じ品質のものが買えるのなら、この際、たとえば自動車メーカーなどであれば、取引先の海外工場から調達しようとか、自社の工場を海外に移そうとかいう動きが出てきてもおかしくありません。このような動きが実際どれほど出てきているのかは、残念ながら数量的にはつかめません。しかし、具体的な事例としては、何件かあるようです。

経済が成長するとともに、どの国でも、いわゆる労働集約的な製品は輸入することにし、国内生産をより高付加価値の製品にシフトする動きがみられますが、これはいわば歴史の必然です。この場合、労働集約的産業では「空洞化」が起きますが、産業構造の高度化の一環として前向きにとらえることもできます。しかし、今回のように、震災の一時的ショックが引き起こす「空洞化」は、好ましいものではありません。この動きについては、引き続き注意深くウォッチしていく必要があります。

次に、震災の構造問題へのインパクトとしては、財政再建への悪影響も無視できません。財政再建の問題は第6章で論じますが、復興財源について少しだけここで触れておきます。震災発生後、その復旧・復興のため、3回の補正予算が組まれました。1回目（4兆153億円、5月2日成立）と2回目（1兆9988億円、7月25日成立）は、がれき処理、仮設住宅建設、道路・港湾の復旧など、早期復旧のための費用が中心であり、財源は全額が歳出の見直しで賄われました。つまり、新規の国債発行も、増税も行われませんでした。

これに対し、2011年10月21日に成立した第3次補正予算は、東日本大震災復興対策本部が7月末に策定した「復興の基本方針」に基づき、本格的な復興のための費用を盛り込んだものです。11兆7335億円を計上し、財源として復興債（国債）を発行し（15・5兆円）、その大半は臨時増税（10・5兆円）によって返済されることになっています。増税の中心は所得税であり、7・5兆円が25年間にわたって従来の分に上乗せされることになりました。

とりあえず増税で財源が裏付けられたので、その意味では復興のための支出増が財政赤字を悪化させることに歯止めがかかっているといえます。しかし、25年という期間があまりにも長いことに対し、将来世代への負担の先送りに他ならない、という批判もあります。

しかし、憂慮すべきは、本当にこの程度の額で、震災復興が賄えるかどうか、という点です。というのは、たとえば、第3次補正予算の「原子力災害復興関係経費」には「放射性物質により汚染された土壌等の除染、汚染廃棄物の処理等」に約5000億円しか計上されていません。しかし、汚染された家屋の除染には当初想定された以上の費用がかかるといわれます。また、そもそも放射能に汚染された地区から避難している人たちが本当に帰れるのかどうかも疑問であり、その人たちへの補償など、新たな費用が発生する可能性があります。冷温停止後の原子炉の廃炉コストも、まだ正確にはわかっていません。

その意味では、まだ大震災の財政再建への足かせがどれほど大きなものなのかは、現時点ではつかみきれません。この点も、しっかりと見極めていくことが必要です。

3　震災をきっかけとした日本経済の構造改革論議

行政システムと農業

大震災の2つめのインパクトに注目して、復興論議がどのように日本の経済構造や政策の問題点を提起しているのか、を見ておきたいと思います。大きな問題を4点ほど取り上げ、解説するとともに、若干の検討を行ってみることにします。

第1に、高齢化社会に適応するために、それに適合的な街づくりと行政のシステムづくりを行なう必要がありますが、震災復興をそのモデルケースにしよう、という提言が数多くみられました。

そもそも高齢化、過疎化という構造的な問題を抱える市町村では、上下水道の維持、道路補修、除雪など基本的な住民サービスの維持費用が大きな負担になっています。こうした問題を、「コンパクトシティー」をつくることで、解決しようという考え方があります。つまり、居住地域をある程度集中させ、市役所、図書館、学校、介護・医療施設、スーパーマーケット、劇場などを隣接させることができれば、高齢者が自力で往来して住民サービスを受けやすくなる、というものです。

震災・津波による被害は「禍い転じて福となす」チャンスだ、というわけです。国と自治体が過去に何回も津波で被害を受けた地域の土地を買い上げ、移転先の土地を確保し、官民協力して「コンパクトシティー」のインフラストラクチュア（生活・生産基盤）を建設することが提言されています。土地や建物に関する規制や税制を弾力的に運用するため、「震災特区」をつくることを提案する人もいます。

高齢者の中には、これまでの家で昔のままの生活をしたい、と考える人も少なくないと思われます。しかし、もしこれがうまくいけば、コンパクトシティーの方が楽しく豊かな生活を送ることができることをアピールでき、持続可能な街づくり、行政システムづくりのモデルケースになると考える人もいるわけです。

賛否両論あることでしょう。しかし、震災をきっかけにこうした議論が出てくること自体、高齢化に悩む地方の行政システムがこのような問題に直面し、これまでのところ有効な解決策を与えることができていないことを物語っています。

第2は、農業の在り方に対する問題提起です。津波によって流されて区画がわからなくなったり、塩害を受けたりした農地を、農業集団化のモデルケースにできないか、という発想です。

もっとも、日本の農業問題は複雑で、かつ多面的な要素が絡み合っていますから、簡単には論じ尽くせないものがあります。

よく知られているとおり、終戦直後の1946年、アメリカを中心とする占領軍の指令で農地改革が行われました（第3章参照）。その結果、自分の土地を持つ「自作農」が多数生まれましたが、大半は小規模な農家でした。1961年の農業基本法では、経営規模の拡大を通した農家の所得向上が期待されていましたが、経営の大規模化（共同化、集団化）はほとんど進みませんでした。それは、高度成長で工業労働者の所得が急上昇したため、バランスをとって農業所得を上昇させるため、政府がコメを中心とする農産物の価格を支える政策を行ったからです。それに加えて、工場が地方に分散したために、零細な農家は工場に働きに出ることができ、いわゆる兼業農家として生き残ることができました。技術進歩で、零細な土地を耕す小型農業機械も開発され、これを助けました。

農業だけを行う専業農家は、農家全体の15％に過ぎません。兼業農家の中で農業からの所得が農業外所得を上回るものを第一種兼業農家といいますが、これを専業農家に足し合わせても25％にしかなりません。「農業のプロ」と呼べるのは、4分の1ということになります。農家の高齢化が進み、後継者がいないといわれる中でも、いわば農業を「副業」とするサラリーマンたちが、狭い土地を手放さずに多数残っているわけです。農地には税制面などで優遇措置があることも、重要な要因です。

こうした事実を背景に、大震災による津波被害を受けた農地を復興するに当たり、農業の大規模化のモデルケースとしたらよいのではないか、という発想が出てきているわけです。おりしもTPP（環太平洋戦略的経済連携協定）参加問題が、農業の保護を続けるべきか否かという問題との関連で、国論を二分する論争を生みました。私自身は、ＴＰＰと農業を切り離して考えるべきだと考えています。ＴＰＰには日本のこれからの貿易の重要なパートナーである中国や韓国が入っていませんし、アメリカが工業製品にかけている関税はさほど高くありませんから、これを引き下げてもらうことに大きな意味があるとは思えません。しかし、それとは別に、農業の集団化は進めていくべきだと思います。

いずれにしても、震災は、われわれにこの問題を改めて考えさせるきっかけを与えました。

電力の産業組織と原発・エネルギー問題

第３に震災後の復興論議で提起されたのは、電力供給体制の問題です。発電と送配電を分離せよ、という主張ですが、電力の産業組織の問題といってもよいと思います。

電力会社の仕事には、発電、送電、配電がありますが、現在の日本では、地域ごとにこの３つを１つの電力会社が一括して担っているわけです。例えば、関東エリアでは東京電力、中部エリアでは中部電力が独占的に電気を供給していますが、これを地域独占といいます。独占禁止法と呼ばれる法律があることを見てもわかりますが、通常供給の独占は競争を排除しますから望ましい結果を生みません。しかし、電力や電話のように設備・装置をたくさん必要とする産業では、複数の企業が工場や各家庭の軒先までそれぞれ配電線を引いて競争を行うと、重複投資が起こり、社会全体として無駄が発生します。ですから、あらかじめエリアを区切ってその中での独占供給権を1社に与え、その代わり電気料金を認可制にして料金をつり上げたりすることがないよう政府が規制する、ということにしたわけです。

日本ではこの体制が戦後ずっと続いてきましたが、諸外国では電力の「自由化」がかなり前から行われていました。つまり、発電という仕事を送配電と切り離して、複数の企業に開放するわけです。コンピュータの発達などによる技術進歩で、複数の企業が発電する電力量の調整などが可能になったからだと考えてよいでしょう（実は、電話でも同じことが起きました。以前は、電電公社が電話事業を独占していましたが、今では同公社が民営化されたＮＴＴと並んで複数の長距離電話会社が存在していますね。長距離回線を市内回線から切り離し、長距離の分野では競争が行われるようになっているのを、皆さんもご存じでしょう。これも電話交換技術などの技術進歩によるものです）。

発電会社は送電会社に料金を支払って、送配電網を使わせてもらい工場や家庭に電気を届けるかたちになります。これによって競争が発生しますから、技術革新が起こり電気料金が下がることが期待されます。つまり、発電部門への「市場メカニズム」の導入です。送配電は独占企業が行いますが、その送電の料金は政府が認可制にして規制すればよいわけです。

実は日本でも、これまでの規制緩和で、電力会社以外の企業が発電した電力を電力会社が買い取ったり、電力会社以外の企業が電力会社を通さずに直接企業向けに電力を売ったりすることが、徐々に可能にされてきました。しかし、大きな目で見ると9電力会社の地域独占は続いていたわけです。

今回の震災をきっかけに、この電力自由化、つまり発電と送配電の分離を抜本的に進めるべきだ、という主張が、一気に盛り上がってきたわけです。その一つの背景は、電力会社がもはやこれまでのように原子力発電を自前で持ち続けることができなくなる可能性があるからです。原子力発電は、そもそも国策として進めてきたものですし、今回のように事故が起きてしまったときのリスクをコストに算入すると、実は大変に割高なのかもしれません。とすれば、少なくとも原子力発電だけは国営企業にして送配電から切り離すのが合理的でしょう。

さて、それに大いに関連するのですが、震災によって、原発・エネルギー問題を再考する必要が出てきたのは、周知のとおりです。これは、純粋な経済問題というよりも、もっと幅広い一国あるいは一社会としての選択の問題ですから、本書の守備範囲を超えているかもしれません。しかし、産業や経済の将来を考えるうえで、やはり関連してきますので、復興論議の提起する第4の点として少しだけ触れておきます。

震災直後に、ドイツが今後新規の原発の建設を行わないことを決めました。日本ではどうするのか。当分、新規建設は行えない状況ですが、将来にわたっての結論はまだ出されていません。原子力を制御できる能力（技術者や研究者を含みます）をキープするためにも、建設を続けるべきだ、とする意見もあります。

しかし、これまで政府が前提としてきた「原子力開発」の計画は、大きく変更されざるを得ないかもしれません。そもそも、原子力発電には、「準国産燃料」としての期待がかけられていました。それは、「核燃料サイクル」の技術開発が前提になっていました。原子力発電では、燃料であるウランを核分裂させて、そのエネルギーで発電を行った後、プルトニウムという物質ができます。このプルトニウムをさらに「高速増殖炉」で核分裂させると、発電ができるのと同時に、燃やした以上のプルトニウムを生成することができる（ウラン238という核分裂しない種類のウランをプルトニウムの周辺に置いておくと、プルトニウムに変化する）、という夢のような話です。つまり、発電すればするほど燃料が増殖するので、準国産の燃料というわけですね。

そこで、政府は高速増殖炉の開発に40年も前から資金をつぎ込んできました。しかし、これが一向に完成しません。そして、政府も２０５０年まではその技術は完成しないとの見込みを発表していましたが、ついに２０１１年12月には、その原型炉である「もんじゅ」の試運転費用を２０１２年度予算に計上しないことを決めました。

原子力開発の路線は、このように大きく見直されていく可能性が高まっています。仮に原子力発電から手を引くにしても、すでにこれまでの発電で生じた高レベル放射性廃棄物（とプルトニウム）を処分しなければなりませんが、その仕方、つまりどこへ最終的に貯蔵するのかも決まっておらず、大きな問題が残されます。

そして、将来のエネルギーをどう確保するのかが大問題です。「原子力があるから大丈夫」

というあやふやな前提のもとに、政府はそれ以外の新エネルギーの開発に本腰を入れてきませんでした。しかし、これからどうするのか。太陽光、風力、地熱など再生可能エネルギーは量的に限られますから、やはり主体は化石燃料――石油、液化天然ガス（ＬＮＧ）、石炭ということになります。最近では、日本海溝の奥深くにメタンハイドレードという化石燃料の一種が埋まっているといわれ、これを取り出して燃料化する技術開発にも期待がかけられています。

4　本書で学ぶ日本経済の構造変化

話を経済に戻しましょう。東日本大震災は、この他にもさらに多くの分野で、日本経済が抱える構造的な問題をあぶり出す契機になったと思われます。本書では、企業、貿易、農業、労働・雇用、金融、財政の６つの分野において、構造的な問題を掘り下げて検討していきますが、それらの中には、今回の震災が提起する論点に直接間接に関連する分野も少なくありません。無論、今回の震災によって注意を喚起された、というわけではないけれども、重要な構造問題もたくさんあります。われわれは、これらにも目を向けなければなりません。

各章で、どのような事柄を検討し学ぶのかを示すことで、この序章を閉じることにしましょう。

第１章では、まず経済活動を担う重要な主体としての「企業」に注目してみましょう。ここでは、最初に企業とは何かという問いから話を始めています。戦後日本経済は、欧米諸国に追いつくこと、つまり「キャッチアップ」を目指して成長しましたが、それは中小企業を含む企業間の分業と連携によって成し遂げられたことが説明されています。また、中小企業は地域とのつながりが深く、「産業集積」が重要な役割を果たしました。産業が集積した地域の中では、製品の需要（販売先）を獲得している大企業を中心に、その大企業に部品などの中間財を供給する中小製造業がこれを取り巻き、互いに競争と連携を行ってきたことで、成長が促進されました。

ところが、低成長時代に入り、大企業が工場などの生産拠点を海外に移転させた結果、この競争と連携の成立という前提条件が崩れてしまいました。筆者の遠山さんは、その中でも競争と連携をうまく取り込むことが、需要を確保し企業の成長を生み出す源であるといい、元気な中小企業の実例を3つほど紹介しています。このような元気な中小企業を創出するためには、地域や事業分野内でのネットワークの構築がポイントで、その初期段階のコーディネートには市区町村など「官」の役割も重要であると主張します。また、官が企業の観点を持つこと、逆に企業が公的な観点を持つことの重要性も指摘しています。

第2章では、東アジアの貿易構造の変化と、その中での日本企業の活動の状況について学びます。東アジアは、この20年ほどの間に、日本の貿易相手国としての重要性を増してきました。世界貿易全体の中でも大きなシェアを占めており、輸出入品目をみると、とりわけ加工品や部品といった中間財の割合が突出して高いため、「世界の工場」と呼ばれています。この地域で中間財の取引量が多いのは、そこで工程間分業（フラグメンテーション）が行われているからです。これら各国は、欧州諸国や北米地域と比べて各国間の所得水準の差が大きいので、生産要素の賦存条件が異なって、企業は、生産工程ごとに最適な生産立地を選択することができ、生産コストを最小化できた、というわけです。

日本企業は、この東アジアの工程間分業の中で重要な役割を果たしています。そして、筆者の伊藤さんは、日本には技術知識の蓄積がありながらもまだ国際化していない企業が多いので、これらの企業が輸出を行って国際競争を行うことで、生産性の向上を実現できる可能性が高いと指摘しています。また、東アジアは「世界の市場」としても発展する可能性があるので、この市場をターゲットとする日本企業が現れることも期待されます。

第3章では、農業の問題を考えてみましょう。農業については、先にも少し触れましたが、一筋縄ではいかない複雑な問題を抱えているわけですね。ここでは、現代日本農業の「原点」である農地改革から話が始まり、農地と食糧の問題を軸に展開されていきます。

大変興味深いのは、農地改革では、それが食糧危機下で行われたがゆえに、土地の「公有性」が強く意識されていたという観点です。農地所有の正当性は、「用益」によって担保されてきたというわけです。わかりやすく言えば、土地は本来公共的なもので私的な所有には馴染まないのだけれども、それを使用して現実に生産を行う人に対しては、とりあえずその所有が正当化されるのだ、という考え方です。そして、その後この意識が次第に薄れてきたわけですが、筆者の永江さんはこの理念は今後も維持されるべきである、と述べています。農業経営の大規模化をはかる、という場合に、この考え方が生かされるべきかもしれません。

もうひとつ重要な論点は、農業貿易自由化と食糧安全保障の対抗軸をどう考えるかです。永江さんは、自由貿易が重要であることを認め、そのうえで一定の食糧自給率の維持を主張するのがフェアな考え方であると、説得的に述べています。

第4章では、雇用情勢と賃金の変化について検討してみましょう。この分野にも、ここ20年ほどで大変大きな構造変化がありました。大きな変化を示しているのは、何と言っても失業率の上昇ですが、それに加えて雇用の在り方も大きく変化しました。つまり、企業による正規雇用の絞り込みと非正規雇用の増大が進み、「フリーター問題」や「ワーキングプア」の増加が社会問題となりました。その一方で、正社員の労務管理の在り方にも「成果主義」が取り入れられ、年功賃金カーブがフラット化してきました。

こうして2000年代になると、名目賃金が低下して労働分配率が大きく低下するわけですが、筆者の兵頭さんはこの構造変化の背景に、日本特有の労使関係があると見ています。そして、日本で大多数を占める企業内労働組合の多くが、経営からの自立性を失って正社員の雇用や労働条件の維持・改善という面で無力化しただけでなく、非正規労働者の処遇にも十分な関心を払わなかったことを問題視しています。その結果、これまでなかった「個別労働紛争」や

「個人加盟ユニオン」が生まれるようになっているのだ、という流れを的確に描き出しています。雇用情勢激変の背景には、このような動きがあったことも押えておく必要があります。

第5章では、日本の金融システムの構造変化について、勉強することにします。金融も、その構造が非常に大きく変化してきた分野の一つです。ここでは、そうした構造変化をみる前に、まず金融システムの基本的な事項が解説されています。金融論では、情報生産、情報の非対称性、効率性などの概念が重要ですが、初めて勉強する諸君にもわかりやすく書かれていると思います。

さて、金融の構造変化は、1980年代以降、金融自由化、金融国際化という流れの中で生じてきました。つまり、金融機関どうしが競争するのを制限するためのさまざまな規制が緩和され、新しい金融商品が登場し、国際的な資金の貸し借りも原則自由になりました。こうした流れの中で、間接金融優位といわれた日本の金融システムは「市場型間接金融」と呼ばれるタイプに変わりつつあります。その中で、証券化という技術も進歩してきました。筆者の山中さんは、将来の日本の金融システムを展望するにあたり、証券化と「クレジット市場」の発展が重要であることを強調しています。

最後に第6章では、いよいよ日本の構造問題で目下最大級ともいえる、財政を扱います。昨2011年は、欧州の財政危機がマスコミでも大きく取り上げられました。なかでも、ギリシャの財政危機は深刻でしたが、その放漫財政ぶりは世界中を呆れさせました。現役世代収入の9割を超える破格の年金制度。定められた職種では、早期退職でも年金の受給が認められたといいます。公務員が労働力人口の25%を占めるにもかかわらず、脱税も横行して十分な歳入が得られない、といった状況が報告されています。にもかかわらず、ＩＭＦとＥＵの支援を受けるために増税や緊縮財政を行おうとすると、デモが起きて国民はまとまらない。「懲りない人たちだ」と冷笑しながら眺めていた日本人も多いのではないでしょうか。

では、翻って日本はどうなのでしょうか。この章では、まず先進国最大といわれる日本の財政赤字が膨らんだ経緯と、財政再建に向けたこれまでの取り組みが説明されます。２００１年の小泉政権の成立とともに、公共事業の拡大による財政政策は影を潜めましたが、どうにもならないのが高齢化の進展による社会保障費の増大です。そして、小泉政権から安倍、福田、麻生と引き継がれた「歳入歳出一体改革」は、リーマンショックによって引き起こされた景気後退に対応するため、ご破算にされてしまいました。その後の民主党政権下では、国・地方のプライマリーバランスの赤字を２０１５年度までに半減させる（２０１０年度に対し対ＧＤＰ比で）、などの目標を掲げ、消費税率の引き上げを射程に入れた「社会保障と税の一体改革」が進められています。筆者の中野さんは、「民」の姿が大きく変わるなか、『官』は、旧来のままの姿をとどめており、これが思い切った施策への足かせになっている」と述べています。

昨年末、野田政権は、現在5%である消費税を２０１４年4月に8%、15年10月に10%に引き上げる税制改革案を決定しました。これに対し、反対を表明している政治家も多数みられます。消費税は、これまでも何度か引き上げの機運が高まりましたが、そのたびに反対する政治家に潰されてきました。歳入の半分を税金で集めることができず、国債による借金に頼っている国が、本当に増税なしでやっていけるのでしょうか。5年後、10年後、この国がギリシャ化することはないのでしょうか。このような議論を真摯に行うためにも、財政についてはしっかり勉強しておく必要があります。

以上、本書で学ぶ日本経済の構造問題のメニューを、ざっとご紹介しました。みなさんは、どの章から読み始めますか。どの章も、皆さんがこれから日本経済を論じるにあたり基本的で重要な情報を、きっと与えてくれるものと確信しています。

〈参考文献〉

伊藤滋・奥野正寛・大西隆・花崎正晴（2011）『東日本大震災　復興への提言』東京大学出版会

経済セミナー編（2011）『復興と希望の経済学　東日本大震災が問いかけるもの』（『経済セミナー』増刊）日本評論社

東洋経済新報社出版局編集部編（2011）『震災からの経済復興　13の提言』東洋経済新報社

日本経済新聞社編（2011）『東日本大震災、その時日本は』日経プレミアシリーズ

第1章　競争と連携が育てる元気な中小企業

遠山　浩

1　はじめに

高度成長を達成し、2回のオイルショックを乗り越えた1980年代の日本の経済システムは、欧米からも注目される存在となりました。当時の経済成長は、欧米に追い付け追い越せというキャッチアップ経済下で達成されたと理解できますが、1985年のプラザ合意以降、製造業では海外への生産拠点シフトがはじまり、キャッチアップが完了した技術分野では新たな領域の独自開拓が求められるようになります。また、第一次、第三次産業でも市場開放が進められるとともに、IT技術の進展により前の時代のビジネスモデルの変革が容易になりました。この結果、今日では過去とは異なる成長モデルが求められています。

米国が多くのベンチャー企業によりITをはじめとする産業を創出し、低迷していた1980年代の経済を転換し発展させたのにならって、日本経済の転換・成長の担い手としてベンチャー企業に寄せる期待は大きいものがあります。日本でもベンチャー企業の活躍事例はありますが、日本経済の変革を牽引しているとまでは言い切れません。この日本と米国で違いが生まれる要因は何でしょうか。

本章では1980年代までの日本の経済成長を支えた背景が米国と日本では異なる点に着目し、その要因を考えていきます。一国の経済システムはその国の社会制度を反映して成立していますが、これは過去に存在していた制度に対して連続性をもって成立しており、新たなシステムを単純に移入すると過去から存在しているシステムと融合できないことが起こります。したがって、低迷する今日の日本経済を検討するにあたり、日本が成長を続けていた時期を対象にその要因や背景を探ることで、過去のシステムが成功した本質を見極め、そこに合致する形で新しいシステムの移入を検討することが求められます。

欧米と比較して日本の中小企業の雇用吸収力が大きいことからもわかるように、日本の成長は中小企業の貢献が少なくありません。以下では、企業とは何かをふまえたうえで日本と米国の企業システムの違いを説明し、日本において中小企業の貢献度が高い背景を考察していきます。そして、今日でも競争と連携を深めることで活躍の場を広げている中小企業の事例を研究し、あわせて東日本大震災後の復興に向けても、中小企業間の競争と連携が重要であることを示します。

2　企業とはなにか

経済学では、ミクロ経済学の発展分野として、企業の経済学や組織の経済学という領域で企業に関する考察を深めています。本章で日本経済の転換・発展の担い手となる中小企業を考察していきますが、企業に関して経済学で扱う基本的なツールを用いますので、以下ではその概要を紹介していきます。

ミクロ経済学と聞いた場合、みなさんはどのような印象を持たれるでしょうか。中学校の公民で習った需要供給曲線が頭に浮かび、需要と供給が一致するところで市場での取引価格と取引量が決定されるという説明を思い出されたうえで、「世の中そんな単純ではなく経済学は世間を説明できていない」と思われるでしょうか。また経済学部で学ばれ社会に出られている方々は、「ミクロ経済学の講義は数学ばかりで難しかった」という印象をお持ちでしょうか。経済学を教える者として、こうしたマイナスの評価は反省すべきところですが、ミクロ経済学の基礎・入門では単純化したモデルで考察を進めるため、先のような反応が多くなるのかもしれません。しかし、この単純化したモデルを越えた世界に一歩踏み込むと、経済学は世間の経済活動を説明できる実に興味深い学問なのです。

単純化したモデルで前提としているのが完全競争市場です。この完全競争市場の参加者はみな同じ情報を持ち、取引を行うか否かを合理的に判断するとされます。さらに全ての参加者が合理的に判断して行動するため、多少の調整期間を必要としても、同じ情報の下で同じ行動を企業や個人がとる社会を前提としていることになりますが、こんな社会は実在しません。現実の社会では市場参加者によって持っている情報の内容には差異があります。これを取引当事者間に「情報の非対称性」が存在すると呼びますが、参加者は不完全な情報の下で、出来る範囲で合理的な判断を行って取引の可否を判断します。この情報の非対称性が存在する下で出来る範囲で合理的な判断を行うにはコストがかかり、これを「取引コスト」と呼びます。市場で取引を行う場合には取引コストの発生が前提となりますので、参加者はこの取引コストを引き下げる手段を考えます。したがって、取引コストを考察対象に加えると、現実の経済に近いモデルを検討できることになります。

単純化したモデルでは、企業の活動についても、土地、労働、資本といった生産要素を調達し、それを財、サービスといった生産物に転換する存在と位置付けるのみで、企業内でどのような創意工夫がなされ生産活動が行われるかといった考察は行われません。しかし、企業の中はどろどろしています。そのどろどろの質がよい企業は、生産性も高く、働きがいもあり、儲かっていることをみなさんは理解されています。したがって、ここを考察対象に加えることが不可欠であり、企業内の生産活動の検討に進むことになります。

企業の経済学では、企業を「取引の束」が集まった「組織」として捉えます。従業員に対しては雇用契約が、株主や金融機関に対しては出資や借入に関する金融契約が、原材料調達や製品販売の相手方企業に対しては購買契約や販売契約といった企業間での取引契約が締結されています。企業とは、従業員、株主、金融機関、取引企業といった、その企業に関わる経済主体との取引契約の集合体として存在する組織であると考えるのです。ならば、なぜ様々な取引契約が締結され組織化されるのでしょうか。それは、取引相手との間に存在する情報の非対称性を乗り越えて取引コストを引き下げるために他なりません。

例えば単純労働のアルバイトを数日だけ雇う、どこでも買えるねじのようなコモデティ商品を購入するといった場合は、アルバイトやコモデティ商品の質を確認する際の情報の非対称性は低く、市場で不特定多数の相手方の中から取引先を探索してもさほど問題は生じません。しかし、高い精度を求める部品を納期通りにまとまった量を調達する場合には、取引の相手方がこれらの条件を忠実に実行することを簡単には確信できません。これは両者の間に情報の非対称性が広範囲に存在するためです。この結果、それを克服すべく条件を確認し取引契約を締結しますが、その調整に際して取引コストが高くなり実質的な採算があわないことが起こります。そこで取引コストを削減するために、市場で取引相手を探索して取引を行うのではなく、企業組織の中で取引を完結させる、製造業でいえば、市場で購入するのではなく企業内での内製が選択されることになります。企業は自社を組織化し内製することで取引コストを管理し、取引全体としての利潤を確保するわけです。

内製として取り組む分野が広がったり、内製により得られる利潤が高くなったりするほど、企業の組織は大規模化していきます。しかし、企業組織が大規模になりすぎると、企業組織内での取引コストが高くつくこともあります。大企業の稟議書決裁に10人以上のハンコが必要と耳にすることがありますが、まさにこういったケースがあたります。大企業がどこまでも大きくなり続けない理由はここにあります。

不特定多数の取引相手から取引相手を探索するには取引コストがかかることの対策として、企業という組織の中に全てを取り込むことが行われるものの、場合によっては弊害がありコスト高となりうることがわかりました。そこで、市場取引と企業内取引という両者の取引コストを対比し、二者択一としていずれかを選択するのかというと、現実には違います。市場取引と企業内取引の中間に位置する、特定の企業との間で行われる継続取引が存在します。キャッチアップ経済下の日本で形成された系列取引はこれにあたります。

3　戦後日本の経済成長と中小製造業

キャッチアップ経済下では先人が開発した技術が明確に存在するがゆえに、その開発過程を分割し、分割された領域ごとに目標技術を設定し、技術を開発していくことが可能です。この結果、経営資源が少ない中小企業であっても、分割された領域に絞って技術開発競争に参入することができます。戦後の日本では自らが定めた領域で技術力を向上させて成長する企業が多数出現し、これらが連携することで技術発展が達成されました。すなわち、戦後日本のキャッチアップ型成長は、中小企業を含む企業間の分業、連携により達成されたのです。

この企業間の分業、連携による技術開発は、自動車のような分業による生産を行う場合に、濃密な情報交換が求められるインテグラル（すりあわせ）型の技術開発で特に強みを発揮してきました。小回りのきく中小企業を含めた分業関係を構築したことが、日本の自動車産業が1970年代以降の需要の多様化にもうまく対応できた要因の一つと考えられます。また、自動車以外の産業でも日本の中小製造業は大きな役割を果たしてきました。そこで以下では、米国との技術開発競争の比較ができる自動車産業と、中小企業が柔軟に連携することで新技術の開発や新需要の創造が行われてきた都市型産業集積の2つを取り上げ、戦後日本の経済成長に対する中小製造業の貢献を検討していきます。

米国の自動車産業：大企業主導による発展

日本の自動車産業における中小製造業の位置付けを考察する前に、米国の自動車産業の発展過程を概観しましょう。19世紀後半に発明されたガソリン自動車は、当初は職人による手作りの1点もの生産でした。安全性の保障が何よりも重視される自動車の特性上、いい加減に部品を寄せ集めて自動車を組み立てることは許されません。自動車は多数の部品により構成されて

図1　米国と日本の自動車産業発展過程における取引関係の特徴

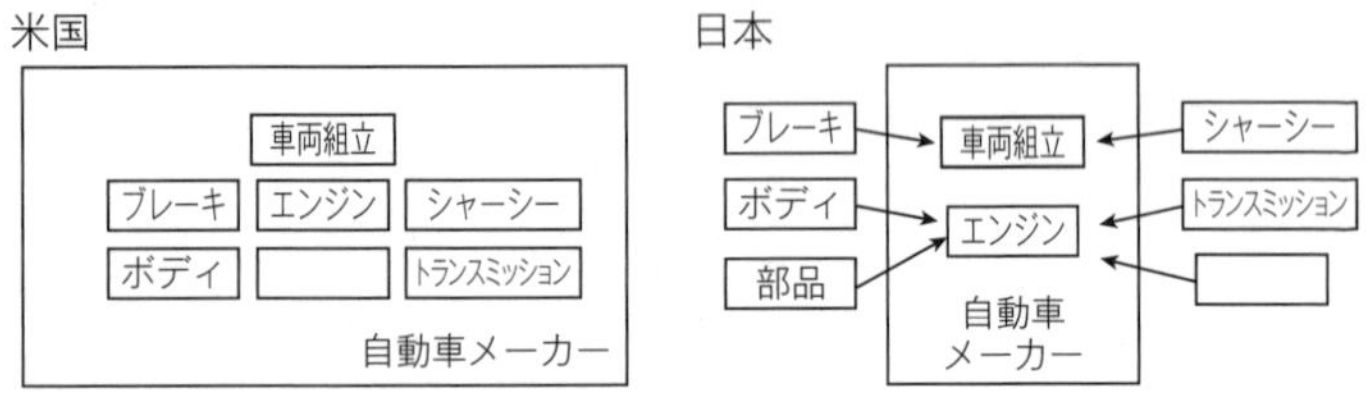

資料：筆者作成。

おり、今日では1台に3万点の部品が必要とされます。当時の自動車の部品点数はこれより少なかったでしょうが、各々の部品が安全基準を満たすことを求められることはかわりません。そこで当時の自動車メーカーは企業内に職人を抱え、全ての部品の製造と組立を内製することで、製造する自動車の品質を確保しました。

20世紀に入り米国のフォードがT型フォードの大量生産に成功した後も多くの部品を内製する仕組みは踏襲されました。職人の生産工程を分割して、分割された工程を機械への置き換え、機械に置き換えられない工程は一般工員による単純作業に分解することで、職人頼みでは限界だった大量生産が達成されました。しかし、品質保障のためには社内で厳しくチェックをすることが必要であり、各工程がベルトコンベアで結ばれる大量生産システムが成立しても、部品生産の多くがフォードの中で内製されました。エンジン部品の鋳造、加工のみならず、ガラスや鋼板といった基礎素材も生産されていたといわれます。

1つの企業内でこれほど多くの生産工程を保有し、かつ大量生産を行うとなると、多額の設備投資を行い、多くの原材料や仕掛品の在庫を保有し、多数の工員を抱えねばならず、多額の資金調達が必要になります、これを支えたのが株式会社システムです。株式会社が普及するまでは、会社の所有者と経営者は一致しており、経営者の資金調達力が会社の資金調達の限界となり、企業の大規模化は困難でした。しかし、株式会社の普及により、所有と経営は分離され、経営者の資金調達力を超えた事業への取り組みが可能になりました。折しも1920年代の米国では株式市場が発展し、多数の株主から大量の資金を調達できる仕組みが成立していました。大量の部品生産を含むT型フォードの大量生産体制の確立に、株式市場の発展が貢献したのです。

日本の自動車産業：大企業と中小企業の連携により発展

日本で自動車生産への本格的な取り組みが行われたのは、フォードが大量生産体制を確立させた後の時期にあたり、例えばトヨタ自動車の前身である豊田自動織機自動車部の成立は1933（昭和8）年です。したがって、日本の自動車産業は、独自に自動車生産技術を高めるのではなく、キャッチアップ型の発展が目指されましたが、分割した目指す技術開発の一部を協力企業と呼ぶ中小製造業に依存することが選択されました。その背景には、第1に自動車メーカーの資金制約問題が存在していたこと、第2に当時勃興していた中小製造業に基盤技術の蓄積が進んでいたことがあります。

トヨタ自動車をはじめとする当時の自動車メーカーは、先にみた米国自動車メーカーのような資金調達力はなく、米国企業のように大企業化し、自社の中で全ての技術開発を行い内製する生産体制を組むことは困難でした。一方、第一次世界大戦以降に機械や関連部品の輸入代替品の生産をとおして、当時の日本には機械加工や金属加工といった基盤技術を担う中小製造業が勃興していました。また大学等の専門研究機関の水準も相応レベルにあり、専門機関の指導をうけて技術水準を向上させていった企業も少なくありませんでした。すなわち、領域を限定すれば、その分野の技術開発を達成することが可能な層が自動車メーカーの外部に存在していたのです。そこで自動車メーカーは中小製造業との連携により技術開発を進めていく方針をとったと考えられます。

こうした自動車メーカーの外部の企業で技術開発および部品生産を担う場合に問題となるのが品質の確保です。自動車メーカーの外部組織である協力企業が供給する部品が、自動車メーカーが求める水準を保てるかは不確実です。部品サプライヤーである協力企業が、自らの都合を優先させ、品質維持努力を怠るといった機会主義（日和見主義）的な行動をとり、品質のばらつきが大きい部品の供給をうける危惧があります。すなわち、内製という企業内取引ではなく外部の企業との取引を行う場合、品質チェック等の取引コストは大きくなります。

協力企業からみても問題があります。自動車メーカーが求める品質を達成しかつ量産に対応するためには、研究開発投資や設備投資が必要ですが、こうした負担を経て開発、生産した部品であっても機会主義的に自動車メーカーが調達しない可能性が存在すれば、協力企業は自動車メーカーのための投資に躊躇します。したがって、自動車メーカーの機会主義的行動を抑制する手立ても必要となります。

以上をふまえ、自動車メーカーと協力企業との間では、長期間の継続取引の下で技術開発ならびに受発注を行う、系列と呼ばれる関係が成立しました。この長期継続取引は事細かに取引条件を取り決めてはいませんでしたが、相手方の機会主義的行動を排除する効果はありました。こうした連携をとおして特定領域で技術力を向上させた中小企業が成長していきました。

１９７０年代に入り、世界の自動車産業は大きな転換点に向き合います。１９７３年のオイルショックならびに環境意識の向上に伴い排気ガス規制が強化されたのをうけて、エンジンをはじめとする技術開発競争が新しい領域に入ってきました。また、消費者の需要が多様化し、車のデザインや用途へのこだわりが細分化され、省エネという観点からは小型車への需要が米国でも高まっていきます。また、各車種のライフサイクルが短縮化するなかで、ある程度の車種を揃え効率的に生産することが求められるようになっていきました。

日本の自動車産業は、ホンダのＣＶＣＣエンジンをはじめとする低燃費エンジンの開発が進み、またトヨタ式生産方式に代表されるように消費者需要に柔軟に対応できる生産体制を確立し、国際市場での競争力を向上させました。日本が技術開発や柔軟な生産体制を確立できた背景には、協力企業が独立した組織であるがゆえに市場競争の下で技術力、生産力を向上させたこと、そしてこの技術力、生産力の向上が高い水準を目指して努力する自動車メーカーおよび他の協力企業との連携により達成されたことがあります。これに対して、当時の米国の大企業内で完結するシステムは組織が硬直化し、市場が求める技術開発への対応が遅れました。あわせて多様化した需要に応じたさまざまな車種を供給するためには、フォード式の単品種大量生産型の生産システムでは対応が難しいという事情もありました。こうした自動車産業における日米の企業システムから生まれた差異が日本車の優位性を生むことになったのです。

産業集積が育んだ日本の中小製造業の競争と連携

自動車産業は関連する製造業が幅広く存在しますが、自動車以外の分野でも中小製造業は活躍しており、また一般的に中小製造業は地域との関わりが少なくありません。では、日本の経済成長を支える中で、地域の中小製造業にはどのようなメカニズムが成立していたのでしょうか。以下では、地域の企業の関わりに注目すべく、産業集積のメカニズムに着目して中小製造業を考察していきます。

産業集積とは比較的狭い地域に相互に関連の深い製造業が集積している状態を指し、伝統産業よる地場産業型産業集積、中核となる企業を軸に取引企業が集積する企業城下町型産業集積、大都市近郊で形成される都市型産業集積の3つに大別することができます。いずれのタイプの産業集積も戦後日本の経済成長に貢献してきましたが、近年衰退も目立ってきています。

図2　産業集積の基本構造

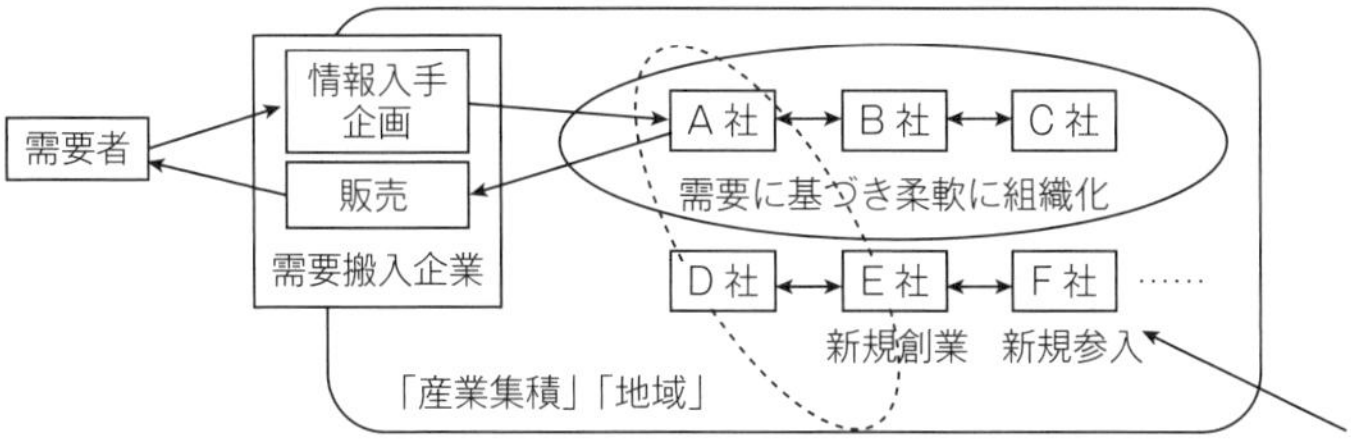

資料：伊丹、松島、橘川（1998）を参照して筆者作成。

地場産業型産業集積は軽工業で成り立つ地域が多く、一部の付加価値の高い高級品を除き、汎用品生産の競争力は海外に奪われ衰退しています。企業城下町型産業集積は、鉄鋼、造船、電機、自動車といった産業の特定の大企業とその部品メーカーである中小企業により形成されていますが、中核の大企業が海外に生産拠点をシフトした地域はこれまた衰退しています。これらに対して、都市型産業集積では、特定の大企業を中核とすることは比較的少なく多様な製品の製造が行われ、また取引関係は中核役の大企業と部品供給の中小企業との間の取引のみならず、中小企業間の取引も多いという特徴があります。

産業集積の構造を示したのが図2ですが、産業集積は地域の外部から需要を持ち込む需要搬入企業と、その需要に対応した製品を製造する企業群（図2ではA～F社）から構成されています。日本の成長が続いた時代では、一般的に需要搬入企業は大企業が多く、また企業群の大半は中小企業でした。需要搬入企業は、地域外の需要に応じて地域の企業を柔軟に組織化し、製品の生産をアレンジし、地域外の需要者に供給していきました。このことから、産業集積が機能するポイントは、需要搬入企業の仲介に基づき地域の中小企業間で柔軟な組織化が行われる点にあることがわります。これは自動車産業において、自動車メーカーという需要搬入企業が持ち込んだ需要に対して、系列の中小企業が柔軟に対応して技術力、生産力を向上させ、自動車メーカーに高品質の部品を供給してきたメカニズムと同じです。ならば中小企業間で柔軟な組織化が行われる要因は何でしょうか。

第1に、需要を搬入する大企業が、その地域に拠点を構えているなど地域の企業群に対するコミットメントを明確に示している点があります。需要搬入企業が地域にコミットメントを深めることは、いい加減な発注を地域の中小企業に出し平気で発注を取り消すような行動をとれないことを意味します。こうした機会主義的な行動を行えば、悪い風評が地域全体にすぐ広まり、取引を続けることができなくなります。

第2には、地域の技術蓄積が深く、かつ取り扱える技術の領域が広い点があります。大企業に比して経営資源の劣る中小企業が自らの得意領域を定めて特徴を出すことは先の自動車産業でみたとおりですが、これと同じ取り組みが産業集積内の中小企業でもみられ、各社が独自に深めていった技術蓄積は、各社が同業他社との競争の中で達成されてきたものです。そして、こうした得意領域で深い技術を持つ中小企業が幅広く群生することで、地域で取り扱える技術の領域は幅が広がっていくことになります。

そして第3は、企業間の連携、分業に伴う取引コストが低い点です。この背景には、地域の参加企業の多くがこの地域に立地しているがゆえにビジネスチャンスがあること、および地域の中で機会主義的行動をとってしまい地域から退出せざるをえない場合のデメリットを理解していることがあります。この結果、市場競争の中で得意な領域を定めて技術力を高めた企業間の連携が容易になり、経営資源の乏しい中小企業単独では困難なさらに高い水準の製品を開発、製造することが可能になります。

こうして需要搬入企業を介して持ち込まれた地域外の需要に対して、地域内の企業群がもっている既存の技術で生産した製品が供給されるのみならず、新たなイノベーションが達成され、高い技術水準の製品が供給されてきました。地域内にある技術を理解した需要搬入企業が、それを地域外に売り込み需要を喚起し地域に発注することもありますし、また、未だどこでも開発されていない地域外の需要を持ち込み、地域の中小企業と連携して開発を行い地域外の需要に応えることもありました。いずれの取り組みにせよ、競争力を高めたことで達成された技術蓄積が深い中小企業間の連携を、需要搬入企業が促進することで技術開発や製造が行われ、これが日本の経済成長に貢献してきたのです。

今日の日本型創業にみる競争と連携

低成長時代へと移った今日では、新たな成長モデルが模索されています。米国でベンチャー企業がＩＴなど新産業の担い手として活躍したのにならい、日本でもベンチャー企業創出を目指す動きがありますが、なかなかうまくいきません。このことを日本経済が閉塞感から抜け切れない要因と考える意見がありますので少し考えてみましょう。

「コラム」でみるとおり、技術をアーキテクチャとしてみた場合、日本はそれぞれのモジュール技術開発後のすり合わせが前提となるインテグラル型が得意であるのに対して、米国はモジュールごとの独自開発を前提とするオープン・モジュラー型の技術開発に優位性を発揮しています。ＩＴ産業で競争が繰り広げられている技術の多くはオープン・モジュラー型で、このモジュールごとの基礎技術を研究し開発したのが大学をはじめとする研究機関とされます。そして、このモジュールの事業化を目指す起業家が出現してベンチャー企業を創業し、事業遂行に必要なリスクマネーをベンチャーキャピタル・ファンドが供給し、市場のデファクト・スタンダードを一気に確立しビッグビジネスを目指すシステムが形成され、ベンチャー企業が群生的に出現しました。また、起業家が出現する背景には、仮にそのビジネスに失敗しても、他社で新たに職を得る機会を探れる雇用制度が存在し、事業に挑戦して失敗した人物の再チャレンジを容認しやすい社会制度が構築されていることも見逃せません。これに対して、間接金融中心の日本ではベンチャー投資が定着しておらずリスクマネーの調達が困難であることに加えて、雇用の流動性は低く一度事業に失敗すると立ち直りが難しい社会制度が存在します。このため起業家が出現しにくくベンチャー企業が成立しないことになりますが、ならば日本に起業家は存在しないのでしょうか。そんなことはないでしょう。なぜならば、以下の２タイプの起業家を目にするからです。

第1のタイプは中小企業経営者です。先にみたように、戦後日本においてリスクを負担しチャレンジしてきたのは競争と連携を両立させた中小企業ですが、彼らの事業環境は常に変化しています。そこで経済が成熟した今日において、新規事業への展開すなわち第二創業を目指す中小企業経営者が出現してきています。中小企業ゆえ経営資源は少ないため連携による展開を目指すのが一般的で、また旧来からの成功モデルであるインテグラル型の連携が取り組まれやすい傾向がありますが、オープン・モジュラー型の技術開発と無関係なわけではありません。例えば、オープン・モジュラー型のIT系大企業の所有する未使用特許や大学が開発した技術を活用する中小製造業も出現してきています。

第2のタイプはスモールビジネスの創業者です。小さい事業であっても連携により大きな勢力になることが可能ですが、小さくとも競争力があるとか、特定領域で強みを持っているといった特徴がなければ、連携相手として選定されません。すなわち、競争と連携の下で中小製造業が成長してきたのと同じメカニズムがスモールビジネスでも作用しており、連携をとおしてスモールビジネスが出現し成長する事例は少なくありません。

米国型のベンチャー企業が新たに生まれる以外にも、リスクに挑戦する起業家は日本に存在します。彼らを多く輩出することが日本経済の成長につながるのです。

コラム1　ビジネス・アーキテクチャ
クローズ・インテグラルとオープン・モジュラー

一般に、製品・工程の「アーキテクチャ」とは、「どのようにして製品を構成部品や工程に分解し、そこに製品機能を配分し、それによって必要となる部品・工程間のインターフェース（情報やエネルギーを交換する「継ぎ手」の部分）をいかに設計・調整するか」に関する設計構想を指します。代表的な分け方としては、「モジュール型」と「インテグラル型」の区分、また「オープン（開放）型」と「クローズ（閉鎖）型」の区分があります。それぞれの特徴は以下のとおりです。

①モジュラー・アーキテクチャ

機能と部品（モジュール）との関係が１対１に近くスッキリした形になっており、部品相互間のインターフェースが比較的シンプルですむもの。各部品の設計者は、インターフェースの設計ルールを知っていれば、他の部品の設計を気にせず独自の設計ができる。

②インテグラル・アーキテクチャ

機能群と部品群との関係が錯綜し、機能と部品（モジュール）との関係が多対多になっているもの。各部品の設計者は、互いに設計の微調整を行い、相互に緊密な連携をとる必要がある。

③オープン・アーキテクチャ

①と②の分類に「複数企業間の連携関係」という軸を加味した場合に、基本的にモジュラー製品であって、かつインターフェースが企業を越えて業界レベルで標準化したもの。

④クローズ・アーキテクチャ

モジュール間のインターフェース設計ルールが基本的に１社内で閉じているもの。

以上の区分にあてはまる製品を具体的にあげると以下のとおりですが、一般的に、日本企業はクローズ・インテグラル型が、米国はオープン・モジュラー型が得意とされます。

◇オープン・モジュラー型：パソコン、パッケージソフト、自転車

◇クローズ・モジュラー型：汎用コンピュータ、工作機械、レゴ（おもちゃ）

◇クローズ・インテグラル型：自動車、オートバイ、小型家電

4　元気な中小企業・事例研究

以下では、厳しい環境下であっても元気な中小企業は、産業分類にかかわらず競争と連携を両立させる工夫を行う、すなわち過去に成立していた連携相手の代替者とつながることで成長していることを、事例研究をとおして確認していきます。第1の浜野製作所は、インテグラル型の第二創業を行う一方で、オープン・モジュラー型の技術を利用した電気自動車開発にも関わっています。第2の江別市での農商工連携は、3つの産業の連携を前提に、それに参加する事業者ごとにインテグラルにイノベーションを達成しています。第3のネコヤド大市はスモールビジネスが連携することで成功している事例です。

需要搬入企業へ進化した中小製造業：浜野製作所（東京都墨田区）

浜野製作所は東京都墨田区の板金・プレスメーカーです。創業は1967年で、品川の家電向け金型・プレスメーカーに勤務していた現社長の浜野慶一氏（1962年生）の父が、土間付き一軒家を自宅兼作業場とし中古機械を1台設置して創業しました。当時は独立前の勤務先のほか、リッカーミシン、日立関連の仕事が中心で、1969年に1階が作業場、2階が住居の住工一体型町工場に移転。作業員2人を雇用し、コンセントの金具をはじめとする量産型電機製品の部品や船舶関係ライトの装備品などの製造を拡大。その後1974年に現在の工場が立地する八広地区に移転。従業員は多い時でプレス担当4人、金型担当1人の計5人。堅実に無借金経営を続け、売上高も堅調に推移し、先の図2でいうと、ブランドメーカーの一次下請企業メーカーに納品する、B、Cに位置した中小製造業ということになります。

大学の文化系学部で学んでいた浜野氏は、在学中に会社を継ぐことを決意し、卒業後に父の昔からのなじみで取引先でもある企業で修業を積まれます。修業先は当時の浜野製作所と異なり最新の機械設備が並び学ぶことが多く、それを書きためた大学ノートは10冊になったといいます。7年間の修業で一通りの技術を身につけ、29歳で浜野製作所に戻られ、これから頑張るぞという矢先に父君が急逝されます。

社長に就任した当時の社員2名は、父の時代に受注していた量産型の仕事経験のみでした。修業時代に見てきた世界から自社は後れており、かわらないといけないことはわかりつつも、量産部品下請けメーカーからの転換は容易ではなく、模索する日々が続きます。その中で現在の常務と巡り合い、事業転換に向けて歩み出されます。

この挑戦は、ユーザーのニーズが「安い価格」で「加工度の難しい」製品を「早く納品」してほしいという3点に集約されることに気付いたところから始まります。3点の中で「安い価格」はこちらの採算悪化につながり取り組めない。「加工度の難しい」製造はそれに向けて努力はするがすぐにはできない。しかし、「早く納品」ならすぐにでもできる――と考えた結

写真１　浜野製作所のタレットパンチプレス

果、試作品受注を新たな主力事業と定めたといいます。そして、レーザーカッター、折り曲げベンダーなどをそろえ、２０００年に試作品対応工場を稼働。当初は技術云々よりも寝る間を惜しんで製造し短納期を達成するというものでしたが、納期を確実に守ることでユーザーの信頼を獲得し、ユーザーから新たな顧客を紹介してもらうなどして顧客層は拡大していきました。しかし、根性と気合頼みの短納期実現の限界を痛感するようになり、２００１年頃から社員の増員を行う一方で、ＱＣ運動をはじめとする効率性の追求にも力を入れていきます。

事業承継を期に約10年かけて、受注対象を量産部品から試作部品へと変化させるという事業転換に成功したわけですが、その後は市場競争に勝ち残るための技術力や効率性の向上を課題として取り組み、その結果、地域外からの需要の搬入や地域内外での中小企業間連携の促進といった機能を担う企業に、浜野製作所は進化してきています。

技術開発については産学連携を活用していきます。２００３年より早稲田大学との連携を開始し、２００７年には墨田区の後押しもあり電機自動車プロジェクトの中心メンバーとして大学との取り組みを行い、これまで経験していなかった領域への挑戦を開始します。また、地域内外のネットワーク拡充にも尽力します。地域の後継者育成塾・すみだフロンティア塾の兄貴分的存在として活動する一方で、浜野氏の一回り上ぐらいの年代にあたる後継者育成塾参加者の父親層世代からの信頼を獲得し、浜野氏の父が地域で築いてきたネットワークをさらに拡充していきます。さらに地域外の交流会にも積極的に参加していきます。東大阪市経済同友会の会員企業として市外から唯一参加しているほか、また墨田区内の企業で対応できない大物の加工を新潟県柏崎市の企業に発注するといったように、地域外の企業との連携を深めています。

今日の社員数は30名強まで増加していますが、特徴的なのは２００８年に開発設計が可能な社員を採用している点です。生産工程の細部を検証する段階にない試作品の発注者は、特定の会社にまとめて発注する傾向が強いため、こうした需要を取り込むには、中小企業間の連携を強め、自社で対応できない生産工程までを含めたモジュールで受注することが必要になります。なお、モジュールで受注することで、試作の次に必要となる生産工程の提案を行うこともでき、次の受注につながることにもなります。開発設計が可能な社員を確保することでこうした提案を行うことが可能となり、その結果、より多くの需要を地域に持ち込むことにもなっているのです。

地域内外にネットワークが広がる浜野製作所と往来することでメリットがあるからでしょう。浜野製作所には多くの情報が集まり、地域を問わない広範なネットワークのなかで、連携する企業群が案件ごとに組成され、持ち込まれた需要への対応が目指されているように見えます。浜野製作所は需要搬入企業に進化したと言えるわけですが、その背景には市場競争の中で切磋琢磨し技術力を磨きつつ連携を広げてきた企業努力があるのです。

各産業のイノベーションを集結：北海道江別市の農商工連携

札幌市に隣接し、農地や牧場の目立つ江別市では、工業団地を造成し製造業を誘致することで地域経済が発展してきましたが、企業誘致が難しくなる中、地元の第一次産業を起点とした農商工連携が注目されていきます。以下でみるとおり、各産業でイノベーションが達成されたうえで、異なる産業間の連携が成立する興味深い展開となっています。

江別市の第一次産業では、減反政策が推進される中で小麦の転作が奨励されてきました。小麦と一括りにいっても多くの品種が存在し、品種ごとに適した加工食品は異なります。北海道は国内小麦生産の65％を占めながら、その多くがうどん粉などの中力粉向け小麦で、麺やパスタに適した強力粉向け小麦の生産は少なく、強力粉の大口需要者である大手の製麺会社や製パン会社は、国産小麦使用を望む消費者の声が聞こえながらも海外産小麦に大きく依存した生産体制を敷いてきたとされます。しかし、北海道の気候でも麺やパン向けの強度を出せる小麦の生産は可能で、ハルユタカと呼ばれる春播き小麦がこれにあたります。雪解けが遅い北海道では春播き小麦の収穫期は雨天の日が多く収穫量が安定しないため、その栽培は敬遠されてきましたが、雪の降る直前の11月中旬に種を播き雪の下でひと冬を越させる「初冬播き」技術が開発されたことで新たな展開がうまれます。

1990年代初めにこの技術を体得された片岡正弘氏が、農業振興部門の推奨の下で広く普及に尽力され、ハルユタカの生産農家が増加するにつれて、農業生産以外のメンバーを巻き込んだ地域内での連携が模索されました。そして、地元の製粉会社である江別製粉と製麺会社の菊水がハルユタカの特性を活かす地元小麦麺の生産に関心を寄せていきます。一般的な製粉工場は大量生産向けの体制となっており、少量の製粉は採算があわずに謝絶するのが一般的ですが、江別製粉は少量生産に適した生産設備を導入してハルユタカの製粉に対応していきます。また、ハルユタカの特徴を活かした腰のある麺を製麺すべく、菊水はさぬきうどんの製造工程にヒントを得た生産設備を新設します。こうして農業生産者の思いを受け止めた2社によって「江別小麦めん」が商品化されます。

ところで、商品を市場に投入するだけでは知名度はあがらず受注は増加しません。そこで地元の産官学を幅広く巻き込んだ研究会で販売策が検討され、スープにこだわる札幌ラーメンに対抗し、麺にこだわる「江別小麦めん」が打ち出されます。これに刺激を受けた江別市内の飲

写真２　誕生経緯を記した江別小麦めん

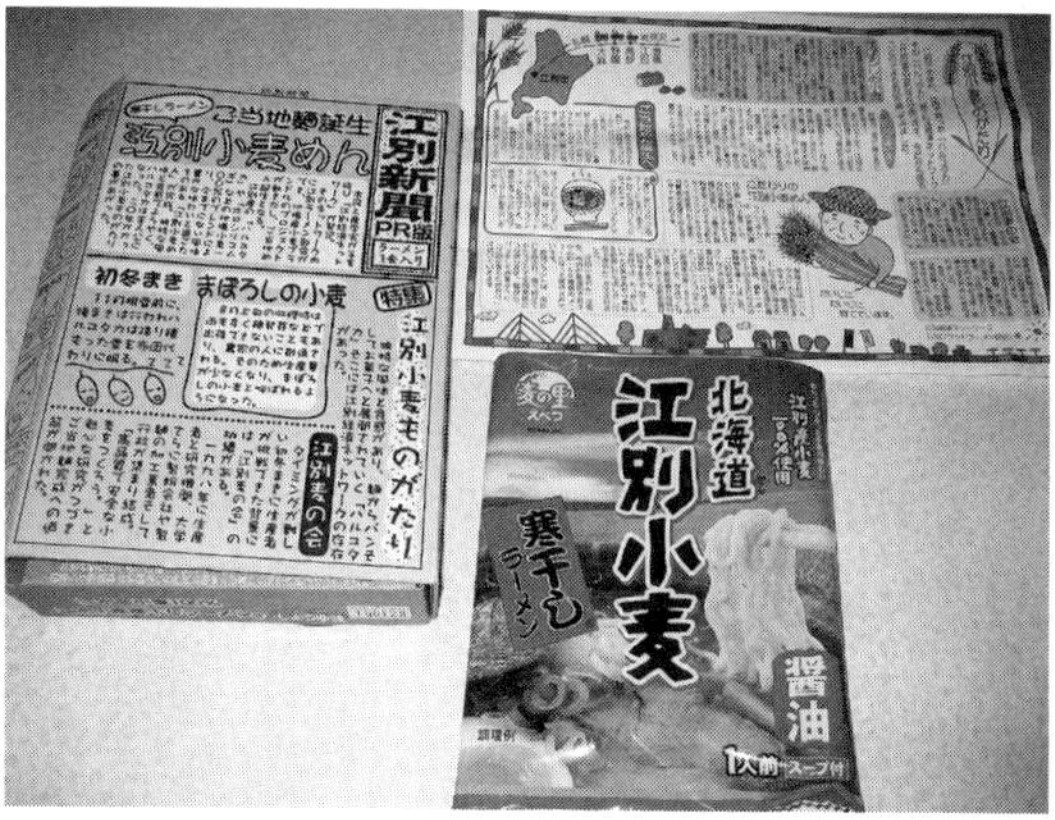

食店は競って独自メニューを開発し、カルボナーラ仕立てといったパスタ風の麺まで登場します。こうして一般市民の間にも江別小麦めんは浸透し、あわせて道内外の小売・量販店向けの販路も開拓されていきました。

工業製品の場合、大きな需要が継続的に見込めるのであれば、外部資金を調達して工場を拡張し増産体制を組むことができます。しかし、農産品の場合は、同じ土地で同一作物を栽培し続けると連作障害が発生するため、需要増加への対応は少し複雑になります。国産小麦の需要が拡大した江別でも、連作障害を回避するための他の農作物の栽培が課題となり、小麦の裏作として大豆生産が着目されていきます。

当時の大豆生産も先の小麦と似通った状況にありました。北海道産大豆の主力品種であるユキホマレを用いた豆腐は固まりにくいとされ、量産対応が必要な豆腐製造会社は北海道産大豆に関心を払いませんでした。一方、豆腐生産に適したユキピリカは、北海道の気候では栽培が難しく敬遠されていました。そこで、小麦での成功体験を持つ江別の農業生産者はユキピリカの栽培技術向上に努めるとともに、立ち上げられた江別大豆プロジェクト協議会の下で、地元の豆腐製造会社と共同で商品化に向けた研究を進めていきます。

麺類はチルド製品でもある程度の保存が可能であり、江別市で生産した後の販路を道外にも拡大できましたが、豆腐の賞味期間は短期間しか設定できません。このため豆腐生産を地元のみに頼る場合は地元の消費量が大豆需要の制約となり、地元以外の需要開拓が必要となります。そこで、道外の豆腐製造会社との連携が課題となるわけですが、この橋渡し役を務めたのが江別製粉と江別市役所の商工業振興部門で、２００９年に愛知県の豆腐製造会社がユキピリカを使用した豆腐を製造販売するに至ります。産官一体となって地域外の需要を搬入できたことが大豆生産の拡大につながり、それが小麦生産の拡大を支援することになっているのです。

江別市の農商工連携は、市場競争と向き合いイノベーションに挑戦し、それを成し遂げた各産業が連携することで達成されてきましたが、この競争と連携はさらなる段階に進化していきます。輪作障害回避を確実にするためには、小麦や大豆といった穀物類の栽培の合間に他の作物の栽培が必要であり、ひまわり栽培と野菜栽培がそれぞれの間に挟まれます。そこで、札幌に隣接した江別市の特性を活かし、大都市向けの近郊野菜栽培とあわせて、都市住民を対象にした集客可能な農産物直販所、農村レストラン、加工食品の製造といった分野にチャレンジする構想も出てきており、これらの分野に新たな参入者が群生することが期待されます。競争と連携が成立してきた地域のなかで、今後どのような新たな起業家が出現するか注目されます。

地域活性化に向かうサービス産業の連携：ネコヤド大市（栃木県鹿沼市）

浜野製作所は製造業というモノ作りで競争と連携を両立させている事例であり、江別市の農商工連携の参加者間の競争と連携は、江別小麦めんと国産大豆使用豆腐というモノ作りに加えて、江別小麦めんのメニュー開発というコト作りにも作用している事例になります。そこで以下では、スモールビジネスの創業者の連携の場となっている栃木県鹿沼市のネコヤド大市を事例に取り上げ、コト作りを中心とする事例にも競争と連携の両立がポイントになることをみていきます。

宇都宮市の中心部から西に車で約30分に位置する鹿沼市は、都心から日光に向かう特急列車で1時間半の距離にあります。駅前に大きな商店街や商業施設もない静かな町ですが、この住宅街に毎月1度1０００人近くが東京からも集う場――ネコヤド大市が出現します。

ネコヤドは、鹿沼市役所近くの住宅街の道端や軒先を利用して、毎月第一日曜日に開催されてきました。売り場スペースが1坪程の店を含めて毎月15～16軒が出店。農産品、カバン、衣料品、クッキー、焼き菓子、ジャム、雑貨、古道具、アクセサリー、廃油から石鹸を作るワークショップ等々と多種多様な売り場が連なるマーケットですが、ここから巣立って近隣で店舗を構える事例がいくつも出ています。ネコヤドは地域内外からヒトを引き寄せるのみならず、出店希望者のインキュベーターとしての役割も担っているのです。

ネコヤドの中心的役割を担っているのが、地元で喫茶店・饗茶庵を経営する風間教司氏（1975年生まれ）です。風間氏は、専修大学を卒業後に生まれ育った鹿沼市にもどり就職するものの半年で退職し、24歳の時に自宅を改装し饗茶庵を開業します。10周年にあたる2009年には古家を改装した日光珈琲饗茶庵を日光市今市でオープンしています。

20歳代で開業した風間氏の経歴を聞きつけ、27~28歳の頃から、店を持つにはどうしたらよいかと相談がくるようになり、饗茶庵の店内で相談にのる日が増えてきたそうです。その後、人づてに相談者が増え続ける中で、みな売りたいものがあって相談に来ており彼らを集めて店の前で市を開けば彼らの悩みや不安が解消することに気付いたと言います。彼らもテーブル1つ持ってくればよいのでリスクはないと考え、店の軒先でパンを売ることからはじめたところ、毎回出店者が増えていきました。彼らは同じ「志」を持っており、仲間になれ、一体感が生まれ、それがネコヤド大市として2006年から毎月1回開催されるようなり、鹿沼市に賑わいをもたらしているのです。

饗茶庵の隣地で営業しているベジタリアン向けフレンチレストランもこうした出店者の1人でした。また、日光珈琲饗茶庵の隣で店を構えるギャラリー兼雑貨販売店もネコヤド出身者で

写真3　ネコヤド大市当日の風間氏

す。根津で小さな店を構え奥さんが作った洋裁品を販売していた若い夫婦が、饗茶庵に立ち寄ったのがきっかけで鹿沼に定住し、その後ネコヤドに出店します。そして、日光珈琲饗茶庵開業に向けた古家の改修を手伝うなかで隣の空き家を気に入り、奥さんの洋裁品販売とご主人の画いた絵のギャラリーを営んでいます。

　これら2つの事例の他にも、ネコヤド卒業生として、チョコレート店、アンティーク雑貨店、特色あるレストランなどが、饗茶庵から歩ける範囲の場所で自分の店を開業しています。風間氏、独自の店舗を構えたネコヤド卒業生、ネコヤドの1坪出店者に共通するのは、顧客と直接触れ合う機会を得ることで、顧客に評価される商品を改良するとともに、口頭での説明を加えることで顧客が購買した際の満足度を高めて売上を確保している点でしょう。彼らの雰囲気は競争という言葉とはほど遠いですが、顧客が望む商品を提供しようと独自に努力する姿は、市場競争に向き合っていることに他なりません。

また、彼ら1人で努力しても顧客の目にとまることは少ないでしょう。そこでネコヤドという場に集い、連携して集客を呼び込むことが重要な機能を果たしています。ここで固定客をつかんで自信を得た者が独自の店舗を構えるステージに進み、その後もネコヤドと関わることで、自分の店舗にも新たな顧客を確保し、顧客で賑わう店舗がネコヤド周辺に存在することがネコヤドの魅力をさらに高めています。このようにネコヤドというコトづくりを軸にした競争と連携が成立し、それが地域の活性化にもつながっているのです。

風間氏と話すとわかりますが、彼はビジネスの場を意識してネコヤドを仕掛けたわけではありません。だからでしょう。ネコヤドのネットワークはここにきて新たな拡大を見せ、地元に古くから展開する和服や工芸品といった分野を継いでいる同年代層を巻き込んできています。店を持ちたいがどうしてよいかわからない層が饗茶庵に集い、それがネコヤドに発展したのですが、この言わば新興勢力が地域で基盤を持つグループともつながり、地域全体での連携へと発展してきているのです。

２０１１年春に作成したネコヤドマップが大好評だったのを受けて、東武電鉄から駅で配布したいとの申し出があったそうです。地域ＰＲ用のパンフレットを作製する場合、電鉄会社に協力を要請して置いてもらうのが通常でしょうが、電鉄会社が置きたいと言うまでに魅力を感じる町になってきているのです。地域内の盛り上がりが地域外との連携を生み、地域外からの需要搬入につながっています。そして、この北関東の静かな町で起こっている動きも、小さな店舗の競争と連携が基本にあるのです。

5　地域を支える中小企業の競争と連携

競争力を高めた中小企業が連携することでビジネス機会が拡大し、その連携が企業の競争力を高めるという好循環を生み出す現象は、産業を問わずみられます。中小製造業の連携で付加価値の高い生産が行われている事象は、産業集積を研究する中でメカニズムが解明されてきましたが、このメカニズムの核心は「競争」と「連携」が共に成立することにより地域が発展する点にあります。このメカニズムは第一次産業でも第三次産業でも同様であり、市場競争と企業間連携が両立している地域や分野に元気な企業が活躍しています。

第3節でみたとおり、キャッチアップ経済下で元気な中小製造業が数多く活躍し、競争と連携が両立していました。しかし、円高やアジア諸国の追い上げによる大企業生産拠点の海外シフト、少子化も関連する後継者不足など様々な理由により、事業継続が困難な中小製造業が増加しています。このことは、いままで同じ地域で連携相手を探すことが比較的容易であったという条件がなくなったことを意味し、地域内での連携の減少が、地域の付加価値創出力の減退すなわち地域衰退につながるという負のサイクルを生みかねません。また、地域に需要を搬入していた大企業が海外に移転し地域から離れた結果、産業空洞化が問題となっています。一方、少子高齢化、人口減少という流れの中で、国内での一次産品やその加工品の需要総量は頭打ちとなっており、また地域に集う人が減少しているのを受けて第三次産業の顧客も減少していることから、全ての産業において需要の獲得には以前とは異なる工夫が必要となっています。

事業の継続および発展を考える中小企業は、地域の中に連携相手がいなくなれば新たな連携相手の探索を必死で行います。また、持ち込まれる需要が減少した、すなわち受注が減少すれば、需要開拓に必死になります。こうした活動は、地域内をくまなく探索することに加えて、地域外に活動領域を広げることで成果をうみます。そして、今日求められる需要の水準はモノづくり、コトづくりを問わず高くなっており、中小企業が単独で対応するには限界がありま す。そこでモノづくりであれば、新技術の開発が可能な先との連携相が必要となり、大学や公的機関、大企業研究機関との連携も目指されます。また、コトづくりについては、異業者や異業界との連携が新たなコトを生むことが少なくないようです。これらは第4節でみたとおりです。

以上を考えると、元気な中小企業を創出するためには、彼らが所属する地域や事業分野の内外で濃密なネットワークを構築することがポイントになります。ならば、どのようにすれば濃密なネットワークを構築することができるのでしょうか。

ネットワーク構築の初期段階におけるコーディネートでは「官」が重要な役割を果たすことができます。事例でみた墨田区や江別市の連携におけるネットワーク構築に墨田区や江別市などの官が果たした役割は小さくありません。民間企業はビジネスの確度が低い段階で「可能性」や「将来性」に賭けて行動することは難しいですが、官はそれができます。また、地域の中の情報を把握できる立場にあり、民間企業が需要や技術を創造するヒントを提供することも可能です。補助金を交付するだけが官の役割ではありません。

モノづくりやコトづくりを実際に深化させていくのは企業であり、ネットワーク構築のコーディネートが企業の関心事と離れていると、企業間の有効なネットワークには発展しません。このため、コーディネーターの役割を担う官が企業の観点を持つ、または企業が公的な観点を持って官の代替をすることも必要となります。スモールビジネス創業者に対して公平な風間氏の動きは後者に相当するといえますが、前者は官が民の領域に踏み込むものですから、行政から離れた組織、例えばＮＰＯの立ち上げを検討するのも一策です。

企業間の競争と連携を支える環境は地域にうまれ、競争と連携が成立している地域は活気があります。そして、活気のある地域により多くの元気な企業が関わります。したがって、中小企業各社が自社の得意領域を極め、競争と連携を両立させる企業があらゆる業種に小規模でも多数輩出されることが多くの地域を活性化し、それが日本経済の閉塞感を一つずつ打ち破っていくことにつながるのです。

東日本大震災前の三陸地域の基本構造

東日本大震災では青森県から茨城県まで広範な地域が津波の被害をうけましたが、このなかでも岩手県と宮城県にまたがる三陸海岸の沿岸地域には、水産業を中心とする湾岸の集落が点在しています。多くの地域で津波による甚大な被害をうけ、がれき撤去をはじめとする生活環境の整備に追われる日々が続きました。復興にはほど遠い状況が続き、4月末時点では宮古市で産業復興に向けた動きがみられたにすぎませんでしたが、6月に入り、釜石市や気仙沼市等で限定的ながら漁港が再開されたのと歩調をあわせるように、厳しい環境であっても、企業家精神を奮い立たせ、復興に向けた取組をはじめた企業や団体が出現してきました。彼らの事業活動なくして地域に付加価値が創出されることはなく雇用もうまれません。企業家精神にあふれる企業や団体をより多く被災地で輩出できるかが、復興の鍵となります。

三陸の沿岸地域では、水産に関連する企業、事業者が幅広く結びつくことで地域経済が成立していました。そして各参加者が商品力の向上に努め地域外の消費者の支持を得た地域では、地域ブランドが構築されていきました。各地域内の参加者は、第一次、第二次、第三次と全ての産業にわたりますが、図3が示す通りどれが一つ欠けても復興はなしえません。文字通り連携が求められ、これらがフルセットで機能しないと地域は成り立ちません。例えば川上の漁業者のみが復興したとしても、川下の復興が果たされていなければ、魚介類に対する需要は低く魚価が高く付かないため、漁業者はその地域に水揚げすることは避けることになります。すな

図3　三陸海岸の各地域に成立していた水産関連産業の連携と復興状況・課題

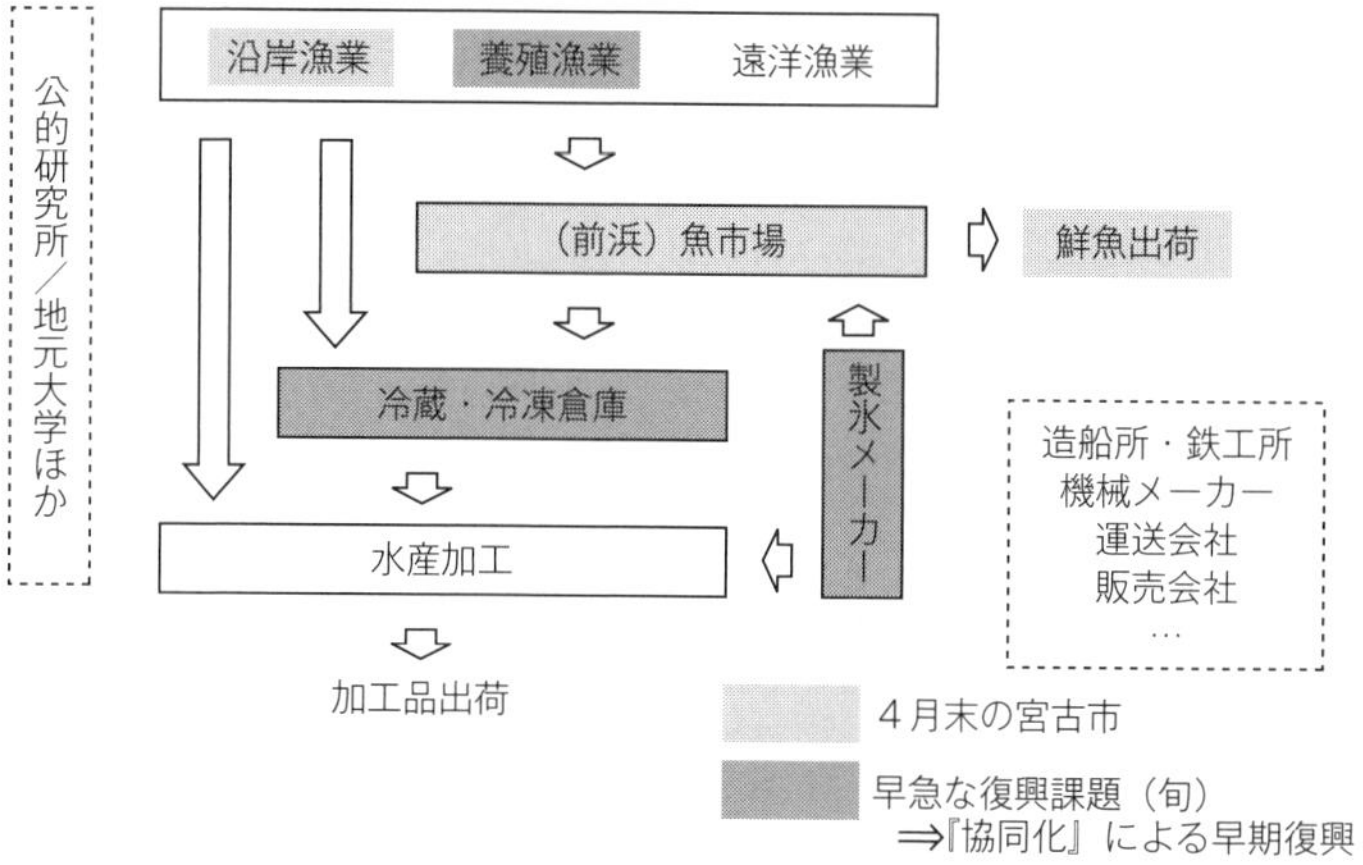

注：(1)津波により沿岸の各地域は上記の機能全てを喪失した。
(2)4月末の宮古市では　が一部復興していたが　の復興が急務とされていた。
(3)遠洋漁業は岩手県では大きな問題ではないものの宮城県では解決策が求められている。

わち、地域内の連携のとれた復興をしかるべきタイミングで行えなかった地域は取り残されることになるのです。

加えて、魚介類には「旬」があり、この旬の時期に漁獲した魚介類の多くが冷凍保存された後に、次の旬まで1年間かけて加工され、その加工品が消費者に供給されます。こうして三陸の各地域は旬の魚介類を起点に連携が構築されていました。したがって、旬を逃すと地域の復興は1年遅れになってしまうため、がれき撤去をはじめとする復旧作業が一息ついた後の三陸沿岸地域の復興では地域における連携を取り戻すことが急務とされ、そのためには各参加者が競争して欠けることなく、復興に向けた歩みを進めることが求められました。

東日本大震災の復興に向けて

震災後に筆者が最初に東北に入ったのは3月29日でした。当時は東北新幹線が那須塩原までしか通っていなかったこともあり、自家用車で塩竃市に向かいました。東北自動車道を通行している乗用車は少なく、復旧支援の自衛隊や警察の車両が隊列を組んで走っているのが目立ち、また栃木県を越えて福島県に入ったあたりから道路状況が悪くなったのを覚えています。そして仙台を経由して、通電して数日後の塩竃に到着しました。地元の方々はかなり片付いたとおっしゃっていましたが、大破した湾岸地域の水産加工場をはじめ、いたるところに津波の傷跡が大きく残っていました。こうした厳しい環境でしたが、中小企業の経営者は必死で活きる道を模索していました。

それから1ヵ月が経過した4月30日から5月3日まで、宮古市から釜石市にかけての岩手県沿岸地域を訪問し、被災現場を目に焼き付けて、宮古市を中心に企業や行政の方々の奮闘ぶりをヒアリングしました。その際の印象を申し上げると、思いやりのない表現と感じられるかもしれませんが、競争にもまれた企業間の連携が震災前に成立していた地域は復旧復興への取り組みが早いものの、競争意識が低く、補助金依存が高く、企業間の連携で新たな需要の開拓を目指すよりも規制や既得権益の維持への関心が高かったと思われる地域の取り組みは遅いと感じました。地域によって被災の程度は異なるため、被災の大きかった地域ではなかなか復旧復興に取り組めなかった面はありますが、先の私の印象は共に調査を行ったメンバーが共通して感じたところでした。

図3は三陸の各地域で成立していた連携を示していますが、この連携を早期に復興させるためには、上流の養殖漁業の早期再開と、中流に位置する旬の魚介類を保存する製氷業や冷凍加工業の復活がポイントになります。漁船の多くが喪失し、地盤沈下もあり利用に制限がある港湾が多いことをふまえると、一気に漁獲高が回復するとは考え難いわけですが、壊滅的な被害を受けたとはいえ、出来る範囲で段階的に養殖漁場を再開していくことは、漁業者が協力すれば比較的取り組みやすい面があります。そこで、漁業者の連携が震災前から強く地域ブランドを構築していた漁協、例えば宮古市重茂漁協では、震災前の蓄積に国の補助金を加えて、協同化による養殖事業の再開に早期に取り組みました。

また、中流の冷凍加工業が復活し地域に旬の魚介類を貯蔵できれば、下流の水産加工業が復活しやすい環境を確保することになります。地域内の連携について意識が強かった地域は、こうした意識の下で中小企業グループが形成され、国の補助金を受けながら復興に向かって歩み出していきました。

地域がある程度の復旧を終えて復興を進めていく推進力は競争と連携です。また、連携については地域外との連携を震災前から深めていた地域では、被災していない地域から機械設備貸与をうける、代替生産を請け負ってもらう、一時的に従業員を預かってもらうといった支援をうけている事例がみられ、これらの地域は復興に向けて前向きに進んでいるようにみえました。4節でみた3つの事例は、地域外との連携を深めることで地域内に不足している資源を補填し、企業の成長、地域の活性化を達成できていたわけですが、被災地域でも全く同じメカニズムが作用することがわかります。

日本の成長には中小企業の競争と連携が貢献してきました。今日の中小企業を取り巻く環境は複雑になっており、各企業はより一層の創意工夫が求められますが、競争と連携をうまく取り込むことが、需要を確保し企業の成長を生みだす源であることにはかわりありません。これは被災地という厳しい環境下でも同じです。日本経済の成長の担い手として、また東日本大震災後の東北地区復興の担い手として、競争と連携を取り込む中小企業が各方面で活躍することが強く期待されます。

〈参考文献〉

伊丹敬之、松島茂、橘川武郎（1998）『産業集積の本質』有斐閣
MIT産業生産性調査委員会（1990）『Made in America　アメリカ再生のための米日欧産業比較』草思社
遠山浩（2011年11月）「本格復興を支える中小企業金融の成立に向けて―岩手県沿岸被災地からの考察

――」専修大学社会科学研究所月報№581
藤本隆弘、武石彰、青島矢一編（2001）『ビジネス・アーキテクチャ』有斐閣
宮本光晴（2004）『企業システムの経済学』新世社

第2章　東アジアの貿易構造の変化と日本経済

伊藤恵子

1　はじめに

２００８年のリーマン・ショックを契機に欧米諸国の経済状況は急激に悪化しましたが、実は、欧米諸国以上に大きな打撃を受けたのは日本経済でした。表1からわかるとおり、２００８年の対前年比実質ＧＤＰ（国内総生産）成長率（通常、経済成長率とは実質ＧＤＰ成長率のことを指します）は、各国で軒並み２００７年の成長率を下回っています。特に日本は、２００９年の対前年比実質ＧＤＰ成長率はマイナス6・3％と、ショックの震源地であった米国や欧州連合（ＥＵ）よりも大きなマイナス幅だったのです。

リーマン・ショック当初、日本の金融機関のバランス・シートはあまり悪化していないため、日本経済への影響は限定的と見られていました。それが、なぜこれほどに大きな影響を受けたのでしょうか。２００４年ごろからリーマン・ショック前までは、日本は２％前後の経済

表１　実質GDP成長率（IMF予測：2011年９月時点）

（%）

	2007	2008	2009	2010（見込み）	2011（見込み）	2012（見込み）
全世界	5.4	2.8	－0.7	5.1	4.0	4.0
日本	2.4	－1.2	－6.3	4.0	－0.5	2.3
中国	14.2	9.6	9.2	10.3	9.5	9.0
インド	10.0	6.2	6.8	10.1	7.8	7.5
NIE-4	5.9	1.8	－0.7	8.4	4.7	4.5
ASEAN-5	6.3	4.8	1.7	6.9	5.3	5.6
EU	3.3	0.7	－4.2	1.8	1.7	1.4
米国	1.9	0.0	－2.6	2.8	2.8	2.9

注：NIE-4：韓国、台湾、香港、シンガポール。
ASEAN-5：インドネシア、マレーシア、フィリピン、タイ、ベトナム。
出所：IMF, *World Economic Outlook Database*, September, 2011.

成長率を維持していました。それは、欧米の好景気によって日本やアジア諸国の輸出が伸びていたことによります。しかし、欧米諸国の急激な経済悪化は、アジアから欧米への輸出を急激に減少させ、日本経済にも多大な影響を与えました。つまり、リーマン・ショック前までの日本経済の成長が輸出の増加によってもたらされていた部分が大きかったため、急激な輸出の減少は、経済成長率を逆に大きく低下させる要因となったのです。

このように、日本経済は諸外国の経済状況に反応して大きく変動する構造となってきました。リーマン・ショック後の景気悪化は、世界経済の変動に対する日本経済の脆弱性を露呈しました。しかし、その後の経済成長率の回復（表１で２０１０年の日本のＧＤＰ成長率は大きく回復しています）は、諸外国の経済状況の好転が即座に自国の経済成長率にプラスの影響をもたらすことも示しています。

この背景には、経済のグローバル化が進展し、各国経済がより強い相互依存関係を持つようになったことがあります[1]。つまり、経済のグローバル化は景気変動の幅を拡大させ、経済を不安定化するというリスクを孕《はら》みながらも、諸外国の経済成長をとりこむことによって自国の経済成長を促す機会を提供してくれる面もあります。２００８年に欧米諸国の経済成長率が急速に鈍化すると、その影響は日本だけではなく東アジア新興国にも及びました（表１で、アジア諸国の経済成長率は軒並み低下しました）。しかし、中国やインドなどが比較的高い成長率を維持したことが世界経済を下支えし、２０１０年には世界の経済成長率は回復してきました。

グローバル化にはリスクや負の面がありますが、グローバル化の恩恵をいかに広く経済全体に行き渡らせるかを、私たちは考えていかなければなりません。アジア新興国の経済成長や人口の高齢化に直面する日本は、世界経済におけるプレゼンスを相対的に低下させつつあります。しかし、成長する新興国に地理的に近いというメリットや高い技術力を活かして諸外国の成長をとりこんでいけば、さらなる経済成長を実現する可能性は高いと考えられます。

本章では、経済のグローバル化が進展する中で、諸外国の成長をいかに日本の経済成長につなげていくべきか、グローバル化の恩恵を経済全体に広く行き渡らせていくにはどうしたらよいのか、を議論します。まず、日本経済がいかに密接に海外経済と結びついているか、特にアジアとの貿易関係を中心に考察します。そして、日本企業が世界やアジアの経済成長にどのように対応すべきか、を考えていきたいと思います。

本章の結論を先取りすれば、まず、日本は東アジア域内貿易において、比較的高付加価値の部品（基幹部品）のサプライヤーとして重要な役割を果たしてきました。東アジアは、日本などで生産した高付加価値部品を、賃金の安い中国などで組み立てて完成品にし、欧米諸国へ輸出してきたのです。しかし近年、東アジア諸国の経済成長に伴って中間所得層や富裕層の増加が期待される中、東アジア諸国は市場としての重要性を増してきています。日本は、高成長が期待される東アジア諸国と比べると相対的に経済規模が縮小しつつありますが、アジアに位置するという地理的メリットを活かして、アジアの成長を国内経済にとりこんでいく必要があります。一方、日本企業の中には、活発に研究開発を行い、独自の技術をもっている企業が数多く存在するにもかかわらず、それらの多くは直接輸出を行っておらず、海外市場との直接的なコンタクトがありません。こうした企業の国際化を促すことで、さらなる経済成長は可能であり、果敢に海外市場へ挑む企業を支援するような制度改革が求められています。

2　2000年代の日本と東アジアの貿易動向

日本の輸出主導経済回復

日本経済はバブル崩壊後、長期にわたる景気の停滞に苦しんできましたが、2000年代中盤（2002年1月～2008年2月）は戦後最長の景気拡張期を経験しました。[2]　2003年から2007年までの経済成長率（実質GDP成長率）は2％前後を維持したのですが、その経済成長は「輸出主導の経済成長」といわれ、国内の消費や投資は十分に力強さを取り戻せない状況でした。

なぜ、この期間の経済成長が輸出主導の経済成長といえるかを簡単に説明しましょう。一国の経済活動によって生みだした価値（国内総生産：GDP）は、国内の消費者によって消費される分（民間最終消費支出）、国内企業の投資に使われる分（民間投資）、政府の消費や投資に使われる分（公的需要）、そして、外国の消費者や企業などによる消費や投資に使われる分（純輸出）に分解できます。国内の消費が増えれば、生産活動も活発になりGDPも増えます。また、外国の消費が増えても国内の生産活動が増えてGDPが増えることになります。

日本の経済成長率がどの要因によって押し上げられたのかを分析したのが図1です。この図は、1995年以降の日本の実質GDP成長率とその成長要因を示しており、図中の数値は、実質GDP成長率に対する純輸出（輸出－輸入）の寄与度を指しています。図1のとおり、2003年ごろから実質GDP成長率が改善しはじめ、2007年までは約2％の成長率を維持しました。ただし、この期間の純輸出の寄与度は2005年を除いて0.7～1.1％であり、実質GDP成長率のうち半分近くが、外国の消費が増えたことによって押し上げられた分だったのです。しかし、日本は、比較的人口が多く、国内需要規模が大きい国ですので、毎年のGDPの構成割合は、民間最終消費支出が60％弱、民間投資が20％弱、公的需要が20％強、

図1　実質 GDP 成長率と各項目の寄与度

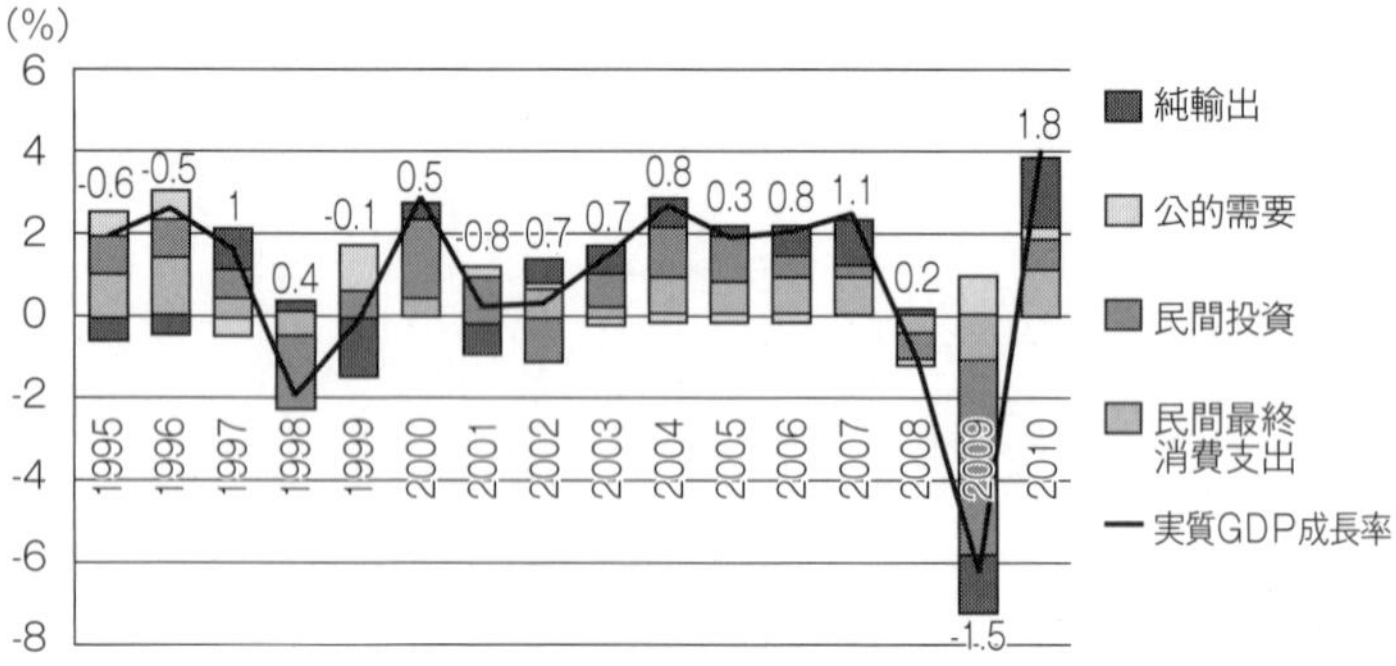

注：図中の数値は、純輸出の寄与度を表す。
資料：内閣府・国民経済計算『四半期別 GDP 速報』(2011 年 10 月 25 日現在）より作成。

図2　日本の輸出入の推移

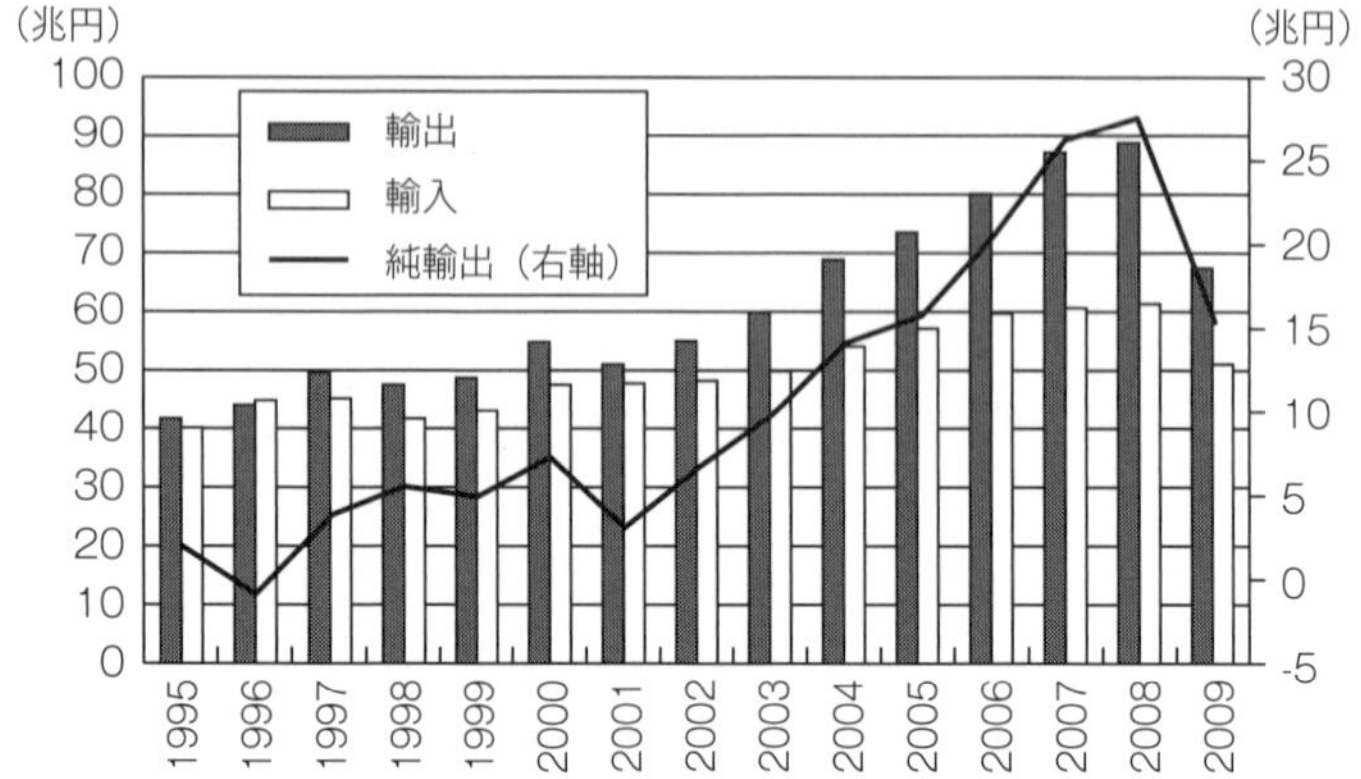

資料：内閣府『平成 21 年度国民経済計算確報』より筆者作成。

とこれら3つでほぼ100%になります。つまり、純輸出（輸出－輸入）の大きさはGDPの1～2%にすぎないのです。さきほど、GDPの成長（増加分）のうち半分近くが純輸出の増加分によって説明できる、と述べましたが、逆にいえば、GDPの大部分を占める国内の消費や投資が増えて国内の生産活動を増やす、という効果は極めて小さかった、ということになります。

また、この景気拡大期に、ほとんど賃金が上がらなかったため[(3)]、多くの人々は景気拡大をあまり実感できず、国内消費があまり増えませんでした。しかし、図2からわかるように、この期間に輸出は増加しつづけ、日本のGDP成長に貢献しました。こうして、2000年代の好景気は、「輸出主導の経済成長」といわれたのです。

世界貿易における東アジアのプレゼンス

2000年代、日本経済に好景気をもたらした輸出の拡大ですが、日本の輸出の半分近くはアジア向けであり、特に1990年代以降、アジアとの貿易が日本経済にとって極めて重要になっています。図3は、日本の製品貿易における貿易相手地域別のシェアを表しています。1990年までは、日本の工業製品のほぼ半分がNAFTA（北米自由貿易地域：米国、カナダ、メキシコを指す）向けに輸出され、工業製品輸入の多くがNAFTAから輸入されていました。しかし、2000年以降、特に中国・香港との輸出入が急増し、日本の製品貿易における中国・香港のシェアが大幅に拡大していることがわかります。対ＮＩＥ３（新興工業経済地域の３カ国：韓国、台湾、シンガポール）、対ＡＳＥＡＮ４（東南アジア諸国連合の４カ国：インドネシア、タイ、マレーシア、フィリピン）を加えると、日本の製品輸出における対東アジア輸出のシェアは２００８年に46％、製品輸入における対東アジア輸入のシェアは同年に54％となっています。このように、東アジアは日本にとって極めて重要な貿易相手なのです。

一方、日本の高度経済成長につづいて、ＮＩＥｓ諸国、ＡＳＥＡＮ諸国、そして中国、と工業化、経済発展を成し遂げ、東アジア諸国は世界経済における重要なプレーヤーに成長しました。世界各国は、第二次世界大戦後、貿易自由化、そして経済のグローバル化を進展させてきましたが、世界の貿易において東アジアは重要な役割を担う地域に成長しました。輸出入の金額を大きく拡大させただけではなく、特に消費者向けの繊維製品や機械製品の多くが東アジアから世界の市場に輸出され、東アジアは「世界の工場」と呼ばれる地域になっているのです。

まず、世界全体の輸出と、東アジアのシェアを見てみましょう。第二次世界大戦後、先進諸国は貿易自由化を推し進め、さらには、１９９０年代に入ると、世界貿易機関（ＷＴＯ）のもとで、途上国も含めた世界規模の貿易自由化を目指してきました[4]。こうした動きの中で、世界の財（モノ）の貿易額は飛躍的に増大してきました[5]（図４）。２０００年代以降は、特に中国・香港からの輸出額が急増し、世界貿易における東アジアからの輸出額は大きく拡大しました。２００８年時点では、世界の輸出に占める中国・香港からの輸出のシェアは10・８％に達

図3　日本の製品貿易における地域別割合

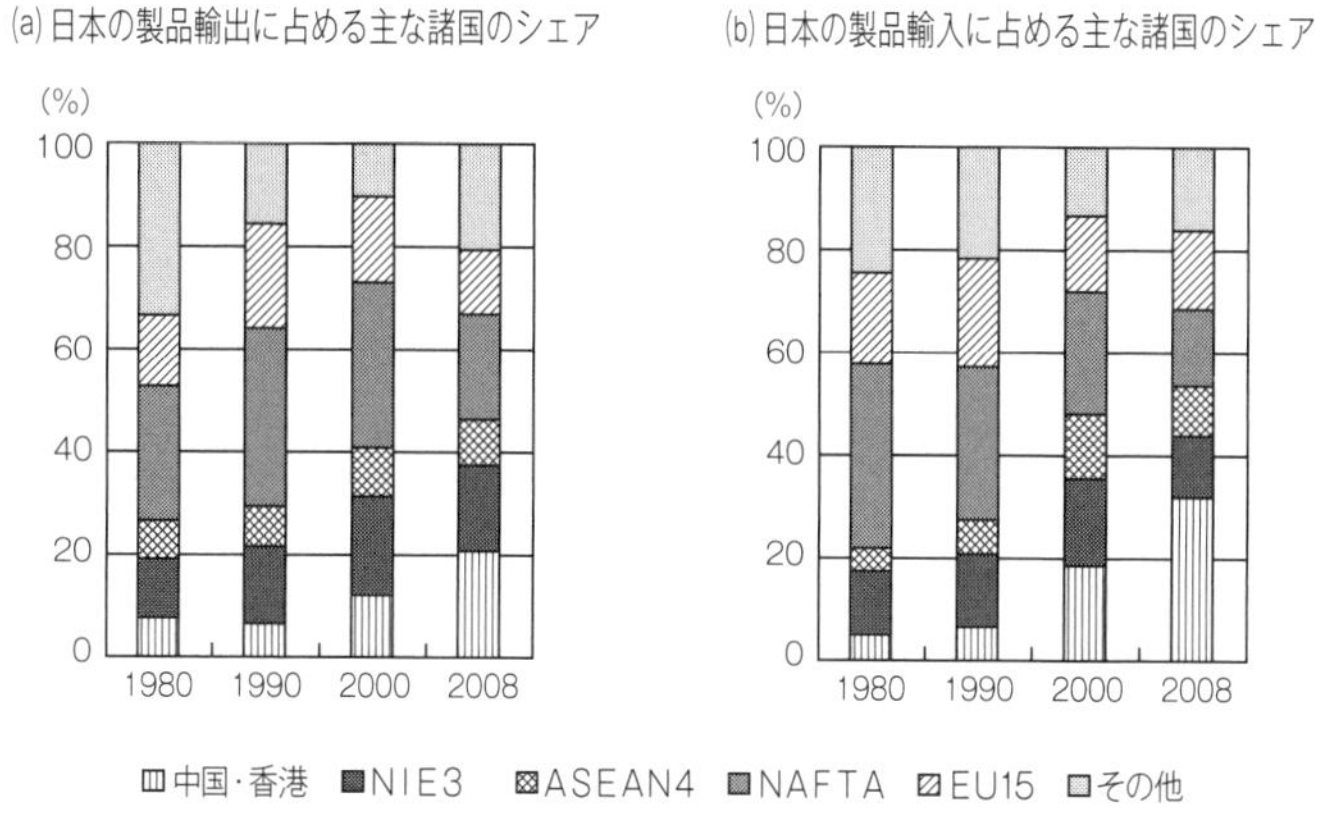

資料：財務省「貿易統計」より作成。

図4　世界の財輸出額推移（1980－2009年）

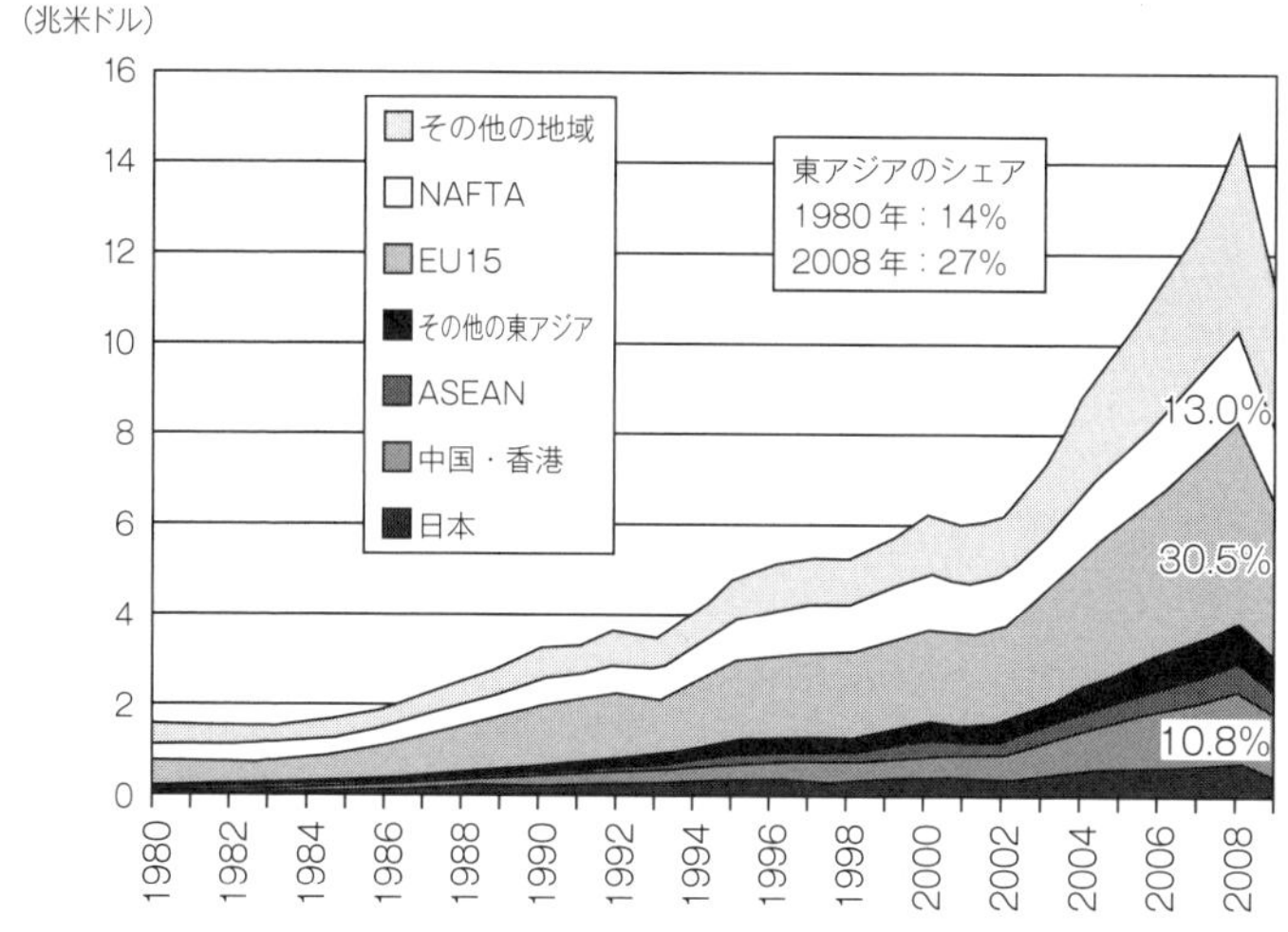

資料：独立行政法人経済産業研究所「RIETI-TID2010」より作成。

図５　東アジアの対世界貿易における、財別のシェア

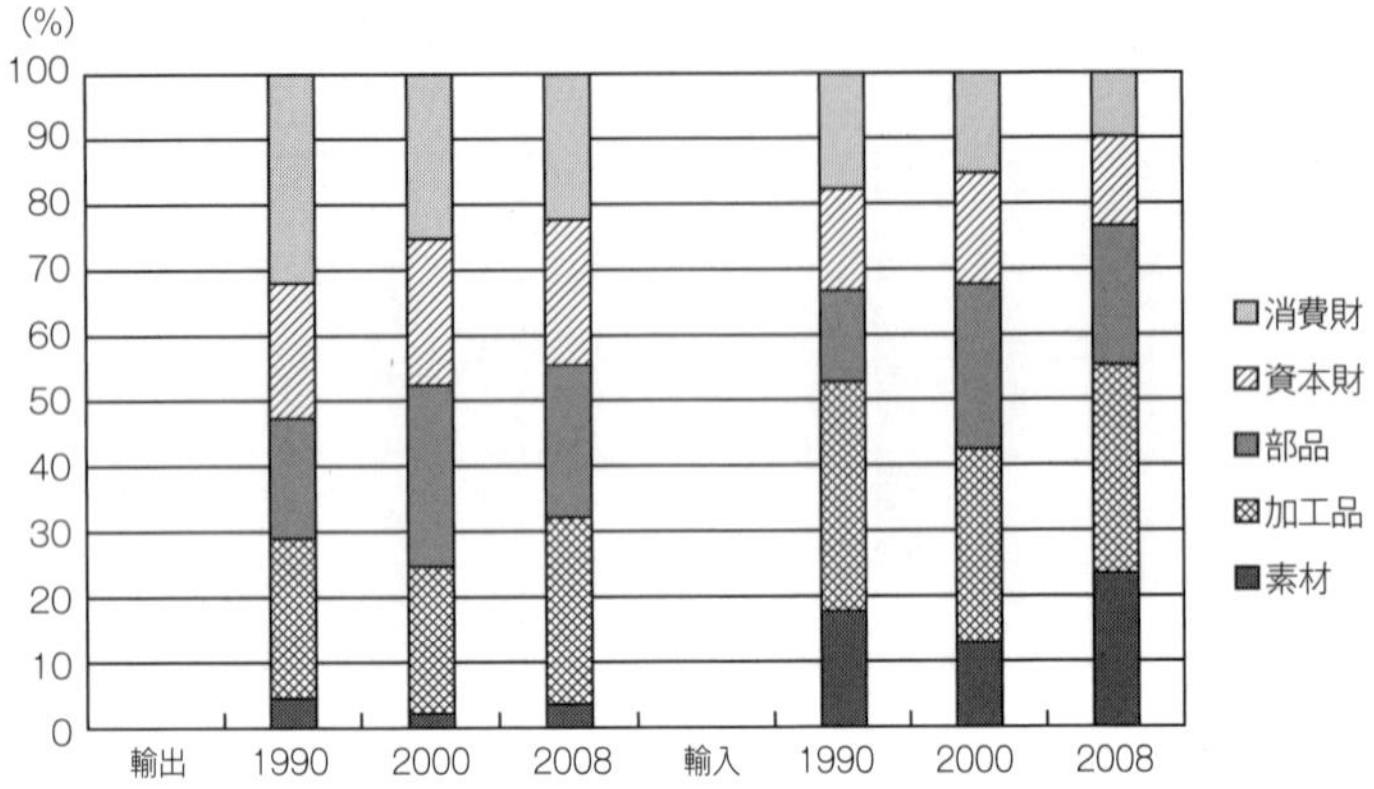

資料：独立行政法人経済産業研究所「RIETI-TID2010」より作成。

し、30・５％を占める欧州連合（ＥＵ）15カ国には及ばないものの、北米自由貿易地域（ＮＡＦＴＡ：米国、カナダ、メキシコを指す）の13・０％に迫る規模となっています[6]。また、日本や東南アジア諸国連合（ＡＳＥＡＮ）などを加えた東アジア全体のシェアは、１９８０年時点では13・６％でしたが、２００８年には26・９％に達し、世界輸出における東アジアのプレゼンスは飛躍的に高まりました。

一方、世界から輸出された財がどこに輸入されたかを見てみると、１９８０年には世界の輸出のうち東アジア向けに輸出されたものの割合は14・２％でしたが２００９年には23・４％となっています。つまり、東アジアは財の輸出先としてもその重要性を増してきた、といえます。東アジアの輸出と輸入を財の種類別に少し細かく見てみると、なぜ「世界の工場」といわれるのか、その構

造がわかってきます。

図5は、東アジアから世界への輸出と、東アジアの世界からの輸入について、財の種類別の内訳を見たものです。(7) 輸出においても輸入においても、加工品や部品といった中間財（他の財の生産のために使用される財）の割合が高まっており、資本財や消費財といった最終財（最終消費者によって消費される財）の割合は徐々に低下しています。しかし、輸出における最終財のシェアが２００８年時点でも約44％（資本財が22％、消費財が22％）であるのに対し、輸入における最終財のシェアは同時点で約24％（資本財が14％、消費財が10％）なのです。つまり、東アジアは、最終財の輸出に比べて輸入が少なく、素材や中間財を輸入して完成品を製造し、最終財を多く輸出する、という貿易構造になっていることがわかります。これが、東アジアが「世界の工場」と呼ばれる理由です。

東アジアにおける域内貿易構造

次に、「世界の工場」東アジア各国間の貿易構造をもう少し詳しく見ていきましょう。東アジアでは、１９８０年代後半から、域内貿易の割合が高まり、近年では、東アジアの輸出入のうち約半分が、東アジア域内の国・地域どうしの取引になっています。図6は、世界の主要地域における域内貿易の割合を示しています。域内貿易の割合とは、（域内輸出額＋域内輸入額）を（対世界輸出額＋対世界輸入額）で割って算出します。欧州諸国は、歴史的にも域内の

図６　世界の主要地域における域内貿易比率の推移（1980-2009 年）

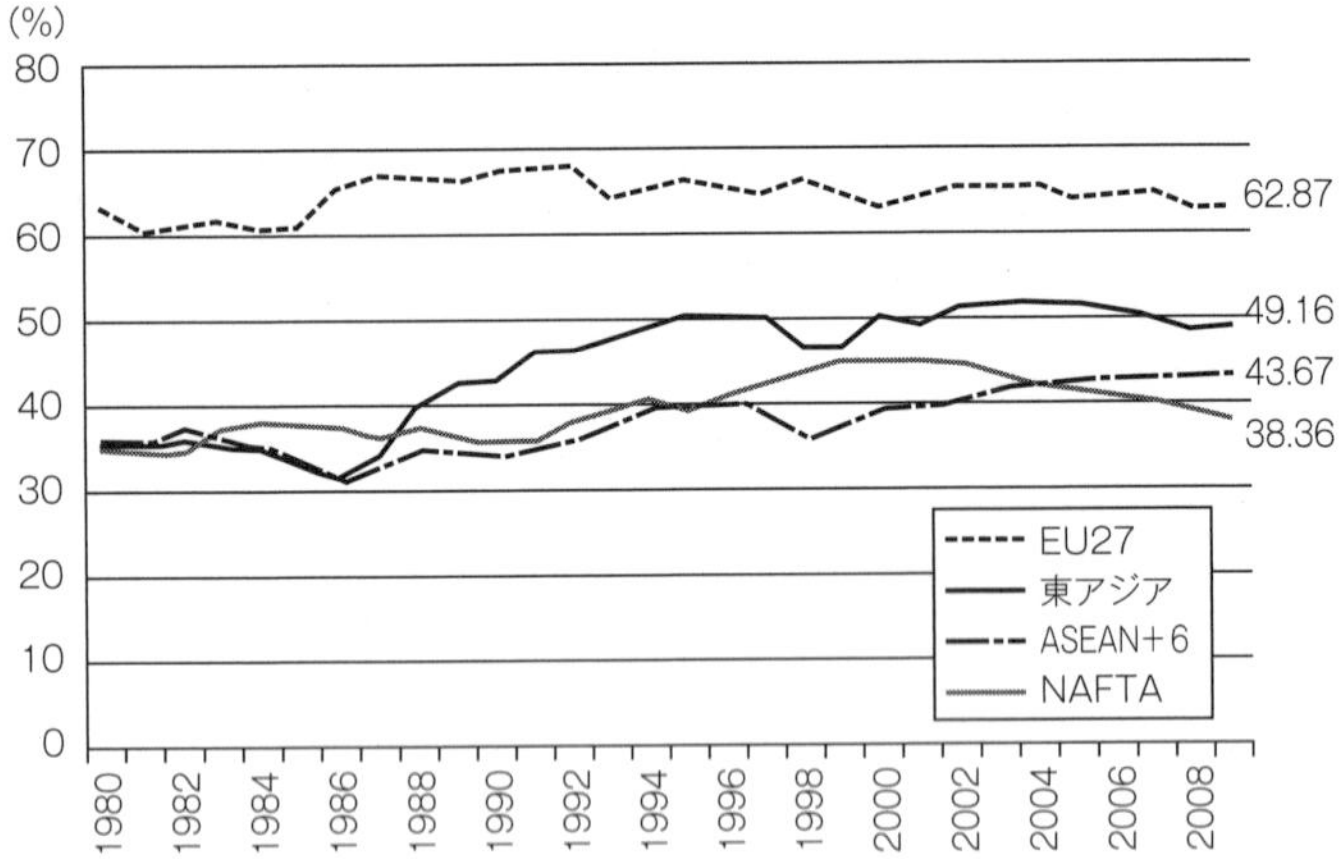

注：ASEAN ＋ 6 とは、ASEAN 諸国に日本、韓国、中国、オーストラリア、ニュージーランド、インドの６か国を加えた地域をさす。
資料：独立行政法人経済産業研究所「RIETI-TID2010」より作成。

経済的なつながりが強い地域ですが、１９５２年の欧州石炭鉄鋼共同体（ＥＣＳＣ）の設立以降、欧州共同体（ＥＣ）を基礎に経済・通貨統合を進めてきました。それを反映して、ＥＵの域内貿易比率は60％超と高水準で推移しています。ＮＡＦＴＡも、１９９４年に発効した自由貿易地域協定で、発効後に域内貿易比率は高まったものの、近年低下傾向にあります。東アジアでは、ＡＳＥＡＮを中心に複数の多国間・二国間自由貿易協定（ＦＴＡ）が発効しているものの、東アジアという広域規模での多国間ＦＴＡは実現していません。しかし、すでに域内貿易比率はほぼ50％に達しており、域内の経済的なつながりは非常に強くなっています。

図７　東アジアにおける域内貿易比率の内訳（生産工程別）

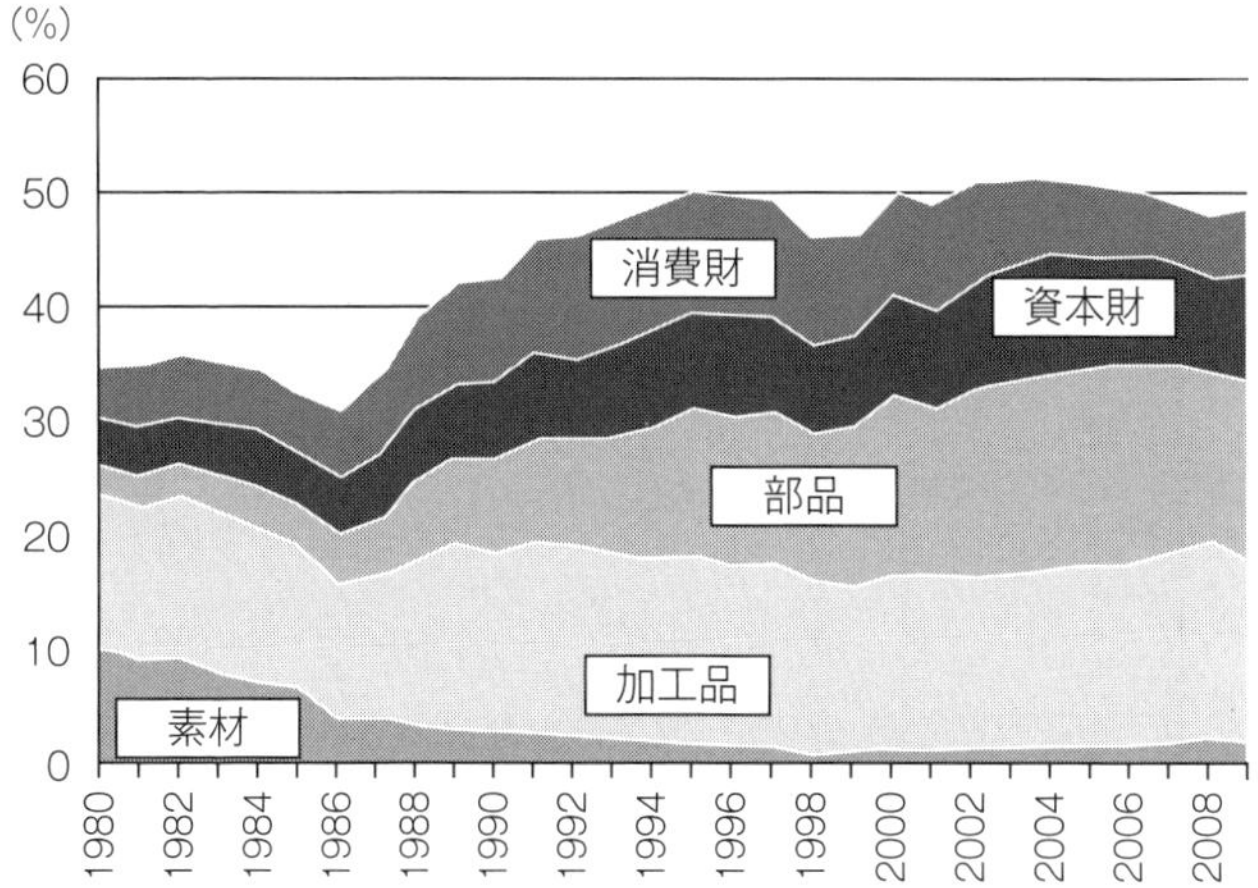

資料：独立行政法人経済産業研究所「RIETI-TID2010」より作成。

さらに、東アジア域内貿易の中身について、財の種類別に内訳を見てみましょう。図7から、東アジアの域内貿易の過半が部品と加工品で占められており、２００９年時点における域内貿易比率49・２％のうち、加工品と部品がそれぞれ約16％ずつを占めていることがわかります。また、域内貿易比率の上昇は、主に部品の域内貿易の増加によるものでした。紙幅の制約から図は省略しますが、域内貿易される部品の大部分が電気機械に分類される品目で、電気機械部品の域内貿易の進展が東アジア域内貿易の拡大をもたらしたといえます。

東アジアの域内貿易が部品や加工品などの中間財に偏っているという構造は、他の地域と比較してみても、際立った特徴といえます。図7と同様な図をＥＵ27カ国とＮＡＦＴ

図８　EU、NAFTA における域内貿易比率の内訳（生産工程別）

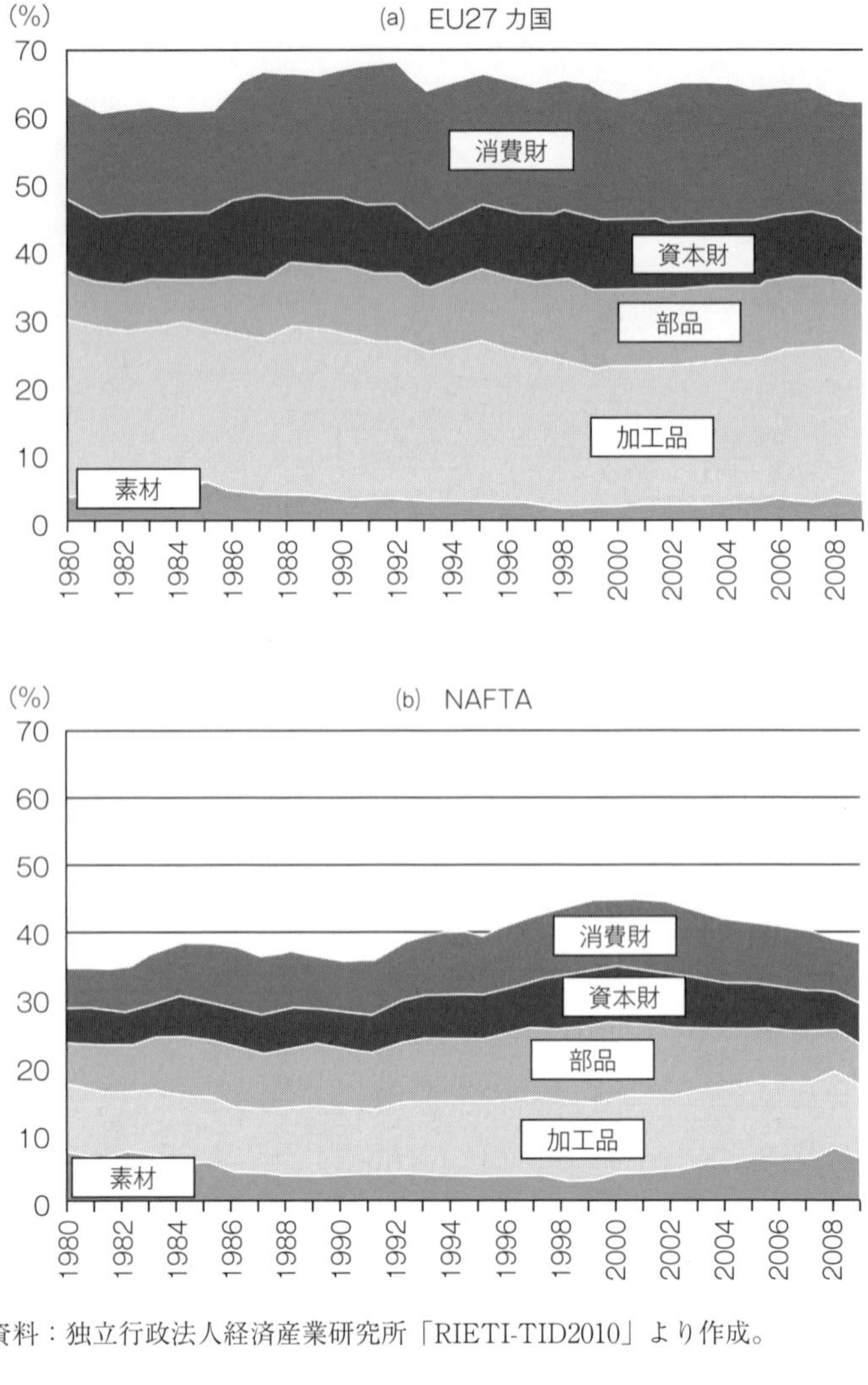

資料：独立行政法人経済産業研究所「RIETI-TID2010」より作成。

Ａについても描いてみましょう（図８）。ＥＵやＮＡＦＴＡにおいても、部品や加工品は、域内貿易の大きな部分を占めていますが、東アジアと比較すると、消費財や資本財といった最終財が占める割合が高く、東アジアほど域内貿易が中間財に偏っているようには見えません。

東アジアにおけるフラグメンテーションの進展

では、なぜ東アジア域内貿易において、部品や加工品といった中間財の取引の割合が突出して高いのでしょうか。それは、生産工程を細分化し、生産コストを最小にするために工程ごとに最適な立地国を域内で選択する、フラグメンテーション（工程間分業）と呼ばれる現象が、東アジア地域で急速に拡大したためでした[9]。フラグメンテーションは、理論的には以下のように説明できます。

世界の各国は経済発展段階が異なり、国内に豊富に存在する労働やおカネ（資本）の量や価格が異なっています（これを、生産要素の賦存条件といいます[10]）。ある国は賃金が高く技能レベルも高い熟練労働者が豊富に存在する一方、賃金が安くて技能レベルも低い単純労働者は不足していたり、ある国は、国内に豊富な資金を蓄えているため、低い金利でおカネを借りることができますが、ある国は国内の資金が不足していて、高い金利を支払わなければおカネを借りることができなかったりします。一方、モノを生産する工程には、研究開発から原材料、素材の生産、部品の生産、部品の組み立て、などさまざまな工程があります。研究開発工程は、技能レベルの高い労働者を必要としますし、高度な機能を持った部品や精密な部品の生産には、熟練労働者や高価な機械設備を必要とします（このような生産技術の違いを、生産要素集約度といいます）。

一方、比較的単純な部品の生産や、部品を組み立てる工程は、あまり高度な技術を必要とせず、多くの単純労働者を安い賃金で雇うことができれば、安いコストで生産することができます。つまり、フラグメンテーションとは、各国の生産要素の賦存条件の違いと、各工程の生産要素集約度の違いを考慮して、ある国に豊富に存在する生産要素を多く使用する工程をその国に配置することによって、生産コストの最小化を実現することといえます。図9に、フラグメンテーションのしくみを単純化して示してみます。この図は、最初に熟練労働や資本集約的な中間財がA国で生産され[11]、それがB国に輸出されて、B国において他の中間財と一緒に組み立てられて最終財が生産されることを示しています。さらに、B国で生産された最終財は、B国内で販売されるだけでなく、A国に再輸出されたり、あるいは第3国に輸出される、という生産プロセスを示しています。ここで、A国は熟練労働や資本が豊富な国、B国は単純労働が豊富な国、と想定しています。フラグメンテーションが起こる前は、A国内で中間財の生産から最終財の生産まで行われて、B国や第3国に輸出されていたでしょう。しかし、フラグメンテーション後には、組立工程や単純労働集約的な中間財の生産工程を切り離し、それらを単純労働が豊富で賃金の安いB国に配置することによって、生産コストの削減を実現しています。

図9　フラグメンテーションのしくみ

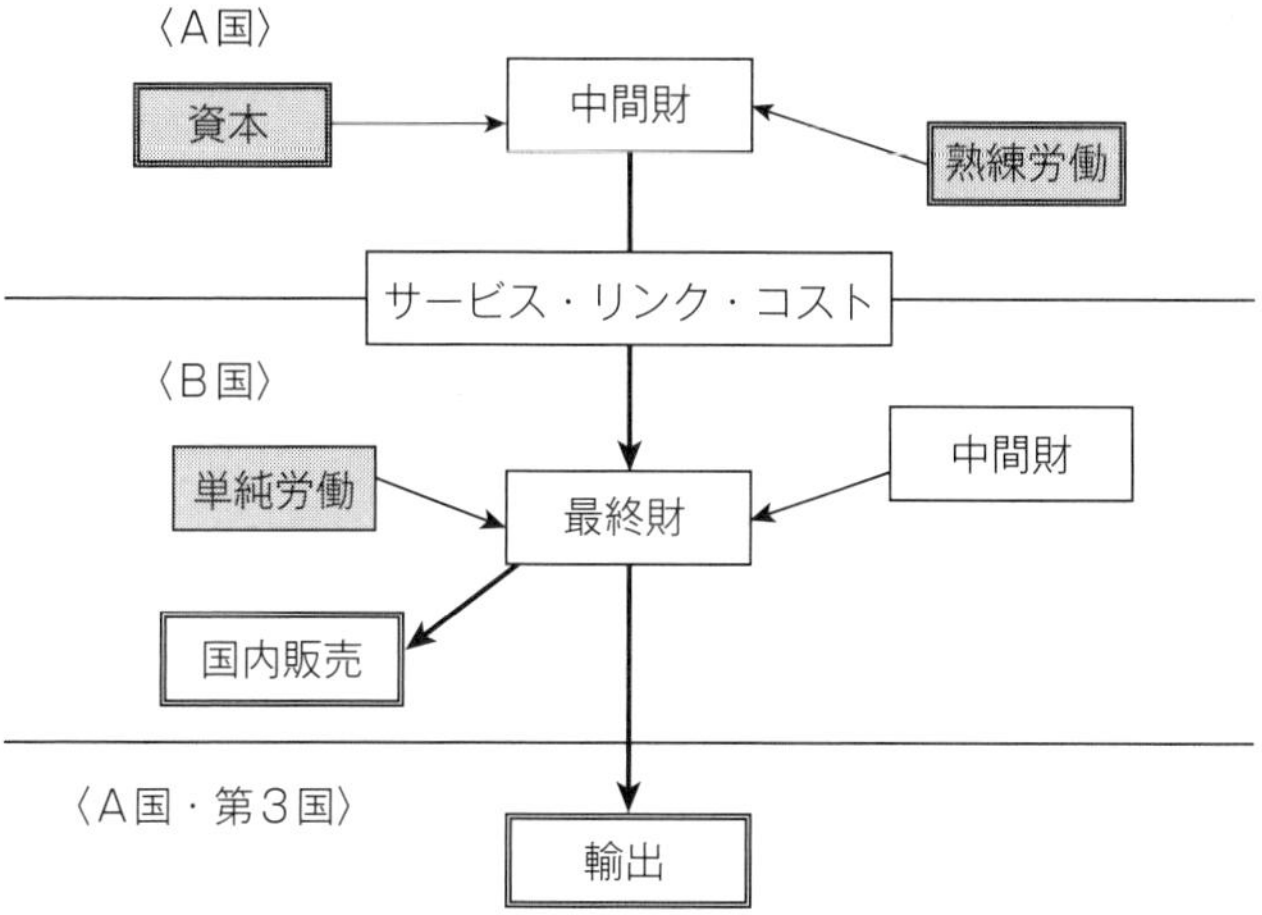

資料：若杉隆平（2007）図10－3に基づき、筆者が加筆し作成。

フラグメンテーション前には、A国からB国への中間財輸出はなかったわけですが、フラグメンテーション後には、中間財輸出が発生しています。

東アジアでは、熟練労働や資本が豊富な日本や韓国、台湾などが、図9のA国の役割を担い、単純労働が豊富な中国などがB国の役割を担うことによって、フラグメンテーションが拡大してきました。では、フラグメンテーションが欧州や北米に比べて東アジアで顕著に進展した背景にはどのような要因があったのでしょうか。まず、図9に、「サービス・リンク・コスト」というものがありますが、これは、生産工程を接続するコストのことをいいます。例えば、工程と工程との間で技術的な情報や生産・発注数量、納期など、さまざまな情報を交換する必要がありますが、情報通信費用もサービス・リンク・コストに含まれます。また、工程間で技術者が行き来したり、または中間製品を輸送したりするための輸送費用もあります。さらに、貿易には関税がかかったり、通関のための手続きに時間や費用がかかったりしますが、これらの制度面にかかわる費用もサービス・リンク・コストです。

１９９０年代には、情報技術革命（ＩＴ革命）によって情報通信や輸送費用は劇的に低下し、また自由貿易の進展によって制度面での費用も大きく下がりました。これらは東アジアのみならず、世界全体でフラグメンテーションを拡大させました。さらに、東アジアは、欧州諸国や北米地域と比べて、域内各国の所得水準の差が大きく、生産要素の賦存条件が異なる、多様な国によって構成されていることも、フラグメンテーションが特に東アジアで拡大した要因といえます。また、フラグメンテーションは、工程を分割しやすい、加工組立型の産業で起こりやすく、さらに、各部品が小さくて軽量な電気機械産業はフラグメンテーションに向いている産業といえます。１９８０年代以降、日本や欧米、さらには韓国や台湾の機械メーカーなどの製造業企業が数多くＡＳＥＡＮ諸国や中国に進出し、生産工程の一部を担ったことも、東アジアのフラグメンテーションの拡大に貢献しました。

こうして、東アジア域内では中間財の貿易が拡大し、域内各国が分業して最終財を生産し、世界各国・地域へと輸出するという、「世界の工場」としての役割を担うようになりました。「世界の工場」として輸出を拡大した結果、東アジア諸国は高い経済成長を実現し、各国の所得水準も上がってきましたが、「工場」で生産した最終財の多くは東アジア域外へ輸出され、図7で見たように域内貿易における最終財の割合は比較的小さいままでした。

表2は、東アジア、EU27カ国、NAFTAの各地域間の貿易マトリックスを表しています。パネル(a)は、各地域の中間財が各地域へどれだけ輸出されたか、各地域のシェアを表しています。ここから、東アジアの中間財輸出の60％近くは東アジア域内に輸出され、残り40％のうちの大部分はEUやNAFTA地域に輸出されたことがわかります。EUでは中間財輸出の70％近くがEU域内に輸出され、NAFTA地域では中間財輸出の40〜50％程度がNAFTA域内に輸出されています。ここで注目してほしいのは、パネル(a)とパネル(b)を比較すると、東アジアだけが両パネルで様子が違うということです。パネル(b)は、各地域の最終財が各地域へどれだけ輸出されたか、各地域のシェアを表しますが、EU27カ国やNAFTA地域の輸出においては、中間財の輸出先と最終財の輸出先の内訳はほぼ同じです。しかし、東アジアは、中間財は60％近くが域内への輸出であるのに対し、最終財は60％以上が域外に輸出されているのです。さらに、東アジアの最終財輸出のうち、東アジア域内への輸出は1995年に約40％でしたが、2007年にはそのシェアが約30％まで低下しており、域外市場に依存する割合は高まっています。2007年には、東アジアの最終財輸出のうち23％はEU地域へ、31％は北米地域へ輸出されており、東アジア「工場」で生産した最終財の出口として、欧米などの域外諸国に大きく依存していたのです。本章のはじめの部分で、リーマン・ショックによって日本や

表2　地域別輸出マトリックス（輸出に占める各地域の割合）

(a)　中間財（加工品＋部品）

	輸入地域							
	対世界輸出におけるシェア（%）						輸出額(百万米ドル)	
	東アジア		EU27		NAFTA		対世界	
輸出地域	1995	2007	1995	2007	1995	2007	1995	2007
東アジア	57.9	58.0	13.0	14.1	21.5	14.7	613,478	1,775,840
EU27	8.4	7.3	69.7	68.8	8.3	9.4	948,680	2,314,123
NAFTA	25.3	21.0	19.5	17.9	43.2	47.7	439,639	831,962

(b)　最終財（資本財＋消費財）

	輸入地域							
	対世界輸出におけるシェア（%）						輸出額(百万米ドル)	
	東アジア		EU27		NAFTA		対世界	
輸出地域	1995	2007	1995	2007	1995	2007	1995	2007
東アジア	39.7	29.7	19.4	23.4	32.1	31.0	596,944	1,565,174
EU27	10.5	7.0	66.7	66.5	8.6	9.7	836,334	2,015,248
NAFTA	25.0	15.1	17.6	18.3	43.5	50.8	332,856	647,018

出所：Paprzycki and Ito (2011), Table 5.3.

東アジア諸国の経済成長率が軒並み低下したことを述べました。それは、東アジア諸国で生産された最終財の多くが欧米諸国に輸出されており、最終財の需要が急減したことによって東アジアの最終財生産が減少し、さらには関連する部品や加工品の生産や域内貿易まで減少したことによるのです。

　このように、東アジア地域は、中間財貿易の拡大を中心に域内の経済的なつながりを強め、さらに世界貿易におけるプレゼンスも高めてきました。リーマン・ショック後には、経済成長率の大幅な低下を経験しましたが、国内の中間所得層や富裕層の増加を背景に国内需要の拡大が見込まれ、今後の世界の経済成長を牽引する役割が期待されています(12)。一方、日本は、高齢化や巨

コラム２−１　東日本大震災とグローバル・サプライチェーンの寸断

原材料の調達から生産・販売・物流を経て最終需要者に至る、ビジネス諸活動の一連の流れを「サプライチェーン（供給連鎖）」といいますが、フラグメンテーションの進展は、連鎖をグローバルな規模に拡大させ、生産コストの劇的な低下を実現しました。日本で生産される製品も、グローバル・サプライチェーンの一部を形成していますが、2011 年３月に発生した東日本大震災は、日本経済がグローバル・サプライチェーンを通じていかに密接に世界経済とつながっているかを明らかにしました。

経済産業省『通商白書 2011』によると、東北地方で生産された自動車部品や電子部品の多くが、主に関東地方の部品や組立メーカーの製品に組み込まれて、北米や東アジアに輸出されています。そして、日本からの自動車部品の輸出減少によって、米国の 2011 年４月の自動車・部品生産が前月比（季節調整済み）8.9%減と、大きく減少したことを報告しています。さらに、震災によって調達が難しくなった原材料、部品・部材の代替調達については、「代替調達先がない」と回答した企業が加工業種では５割近くに達していました（2011 年４月時点）。東北地方のいくつかの企業は、特定の素材や中間財の世界市場において、かなり大きなシェアを有しており、これら企業が被災したことで、国内外の多くの工場が生産停止に追い込まれました。

このように、サプライチェーンのどこかに問題が生じてチェーン（鎖）が寸断されると、サプライチェーン全体に影響が及びます。サプライチェーンが一国内で完結していれば、自然災害やその他のショックが発生する頻度は少ないかもしれませんが、サプライチェーンが世界の多くの国にまたがっている場合、こうしたショックの頻度も多くなります。東日本大震災は、各企業にリスクへの備えの必要性を強く認識させましたが、効率性とリスク対応力を兼ね備えたグローバル・サプライチェーンの構築に向けて、企業の努力や政府の支援が求められます。

額の財政赤字、生産性の低迷などの諸問題に直面しており、国内市場の大きな成長は見込めない状況にあります。しかし、日本には、成長が見込まれる地域に位置しているという地理的な利点があり、アジアの経済成長を自国の成長に結び付けることによって、活路を見出していくことが可能です。そこで、次節では、日本企業が世界やアジアの成長にいかに対応していくべきかを考えてみます。

3　東アジアの成長と日本企業

日本市場は大きくない

日本は、1968年にGDPで世界第2位となって以来、2010年に中国に抜かれて第3位となるまで、世界で2番目に経済規模が大きい国という地位を維持してきました。また、一人当たりGDP（一人当たり所得の水準）も世界の上位に入っており、購買力の大きい市場といえます。つまり、国内の経済規模が大きく、海外市場にあまり依存しなくても、国内市場で優位に立てば、ある程度の利益を得られる市場であると考えられてきました。しかし、必ずしもこの認識が正しいとはいえません。GDPの大きさで世界第2位とか、一人当たりGDPが大きいという議論は、日本円で算出したGDPの数値を名目の為替レートでドルに換算した数値を使って国際比較したものです[13]。実際の経済規模や豊かさを測るには、名目の為替レートではなく、各国の通貨の実質的な価値の違いを反映した為替レートを使う必要があります。

　購買力平価説という考え方があるのですが、例えば、日本で100円のモノが米国で1ドルで売られているならば、100円は1ドルと同じ価値を持つはずで、「1ドル＝100円」という為替レートが適正であるとする考え方です。ただし、我々は多種多様なモノやサービスを生産・消費していますから、購買力平価説に基づく為替レートは、さまざまな財・サービスの価格を考慮して計算されます。例えば、日本と米国で、いくつかの財・サービスを同じ組み合わせで購入します。そのとき、例えば日本では15万円かかり、米国では1000ドルかかったのであれば、15万円と1000ドルの価値は等しいはずであり、適正な為替レートは「1ドル＝150円（15万円÷1000ドル）」となります。逆にいえば、購買力平価に基づく為替レートは、米国で1ドルで買えるモノ・サービスを日本で買うには、150円支払う必要があることを示しています。

　購買力平価に基づいて各国のGDPをドルに換算してみると、図10のようになります。2010年の日本のGDP規模は、名目為替レートでドルに変換すれば、中国に少し抜かされた程度でした。しかし、購買力平価で換算した図10(a)では、中国に6兆ドル近い大きな差をつけられています。つまり、中国では日本よりも物価水準が低いため、米国で1ドルで買えるモノ・サービスは、日本で買うよりも中国で買うほうが安く買うことができます。逆にいえば、中国では少ないおカネでより多くのモノ・サービスを買うことができ、日本では中国よりも多

図 10　購買力平価レートで換算した各国・地域の GDP と 1 人当たり GDP

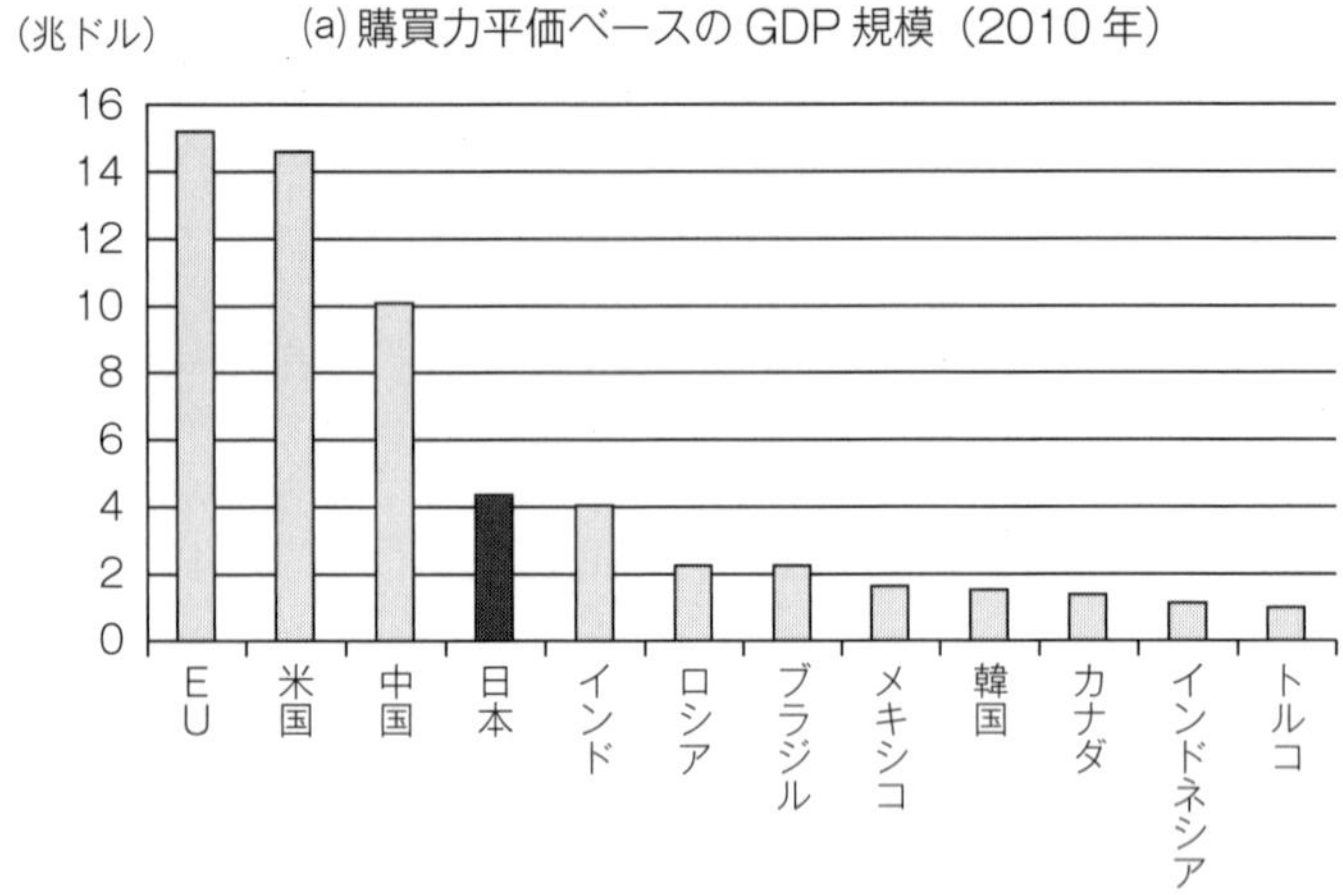

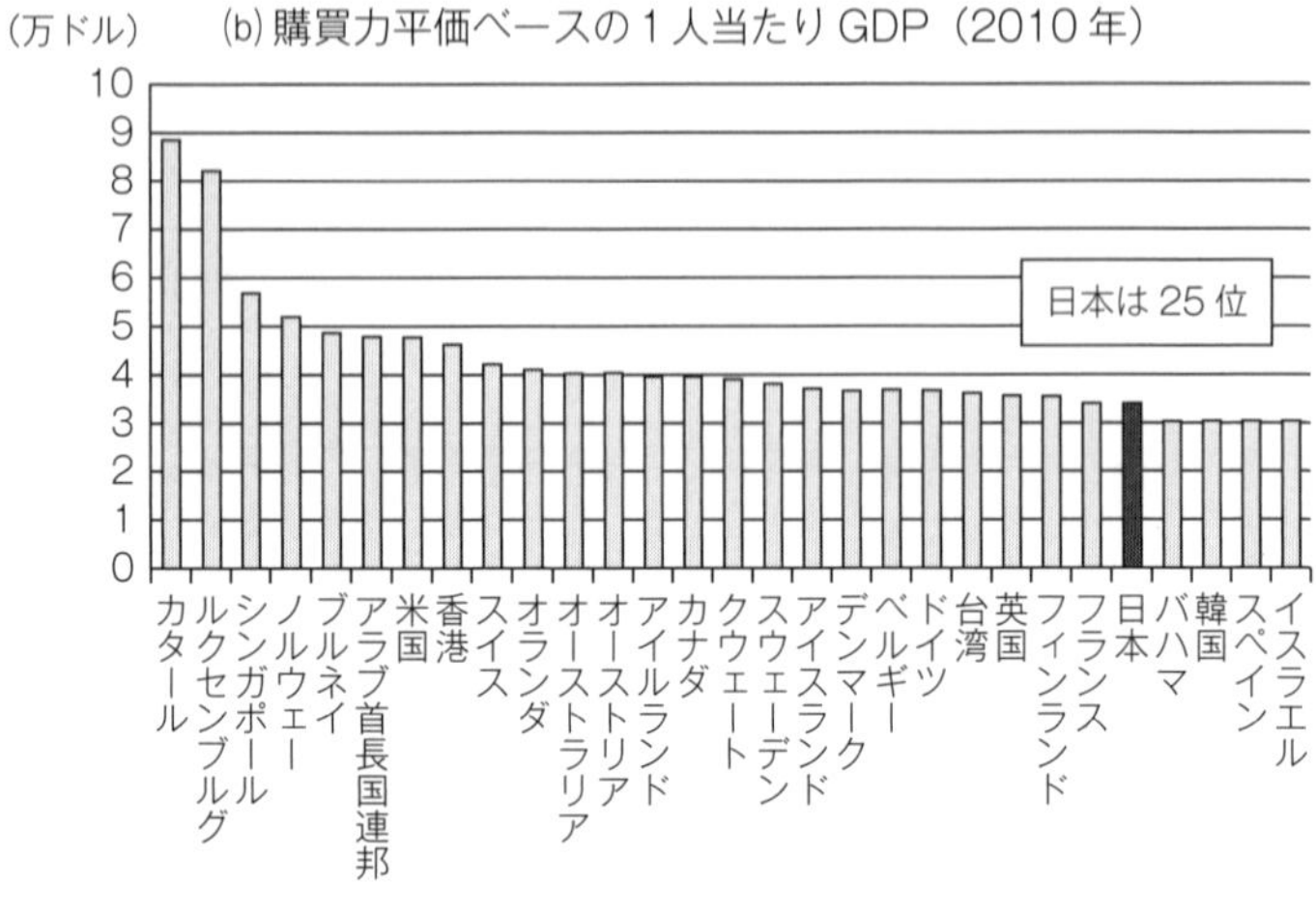

出所：IMF, *World Economic Outlook Database,* September 2011.

くのおカネを支払わないと同じ量のモノ・サービスを買うことができないのです。これは、中国の通貨、元は実質的には価値が高く、日本の通貨、円は実質的には価値が低いことになります。そのため、購買力平価レートで換算すると、日本のGDPは小さく、中国のGDPは大きくなります。

購買力平価レートで換算したGDP規模が、各国の実質的な市場規模を表すとすれば、2010年の日本の市場規模はEUや米国の約3分の1、中国の約2分の1となってしまうのです。また、一人当たりGDPを見ても、購買力平価レートで換算すると日本は世界で25位であり、欧州諸国はもとより、台湾よりも低く、韓国ともあまり差がありません。つまり、日本市場は思ったより大きくはないのです。日本は国内市場規模が大きく、一人当たりの所得も高い国であるので、国内市場でマーケット・シェアをとれば十分な利益が得られる、という認識は改めなければなりません。

最初から世界市場を見据えた戦略を

このように、日本市場は、欧米や中国と比べるとかなり規模が小さいわけですが、さらに高齢化が進めば生産活動や消費が減り、国内市場規模は縮小するでしょう。日本市場が大きくないのであれば、企業は最初から世界の大きな市場で利益を上げることを目指さなければならないのではないでしょうか。しかし、日本企業は世界市場への展開が遅いことが指摘されてきました。例えば、総務省の『平成20年版　情報通信白書』（第1章）では、「情報通信産業の競争力強化に向けた課題」として、日本の情報通信関連企業は海外での事業展開に慎重で、海外市場でのシェアの獲得が進んでいないことや、海外市場での売上高に比較して収益が低いことなどを指摘しています。ここでは、日本企業、アジア太平洋企業、北米企業、西欧企業について、情報通信関連の製品やサービスの、自地域内市場と自地域外市場における市場シェアの関係を見ることにより、各地域企業の海外進出度の特徴を明らかにしています。

図11は、日本企業について、日本市場におけるシェアと日本以外の市場におけるシェアをプロットしたものです。この図から、ソフトウェア、プロセッサーなどの一部の製品を除いては、ほとんどの製品の国内市場でのシェアは30％を超えていることがわかります。しかし、国外市場において20％以上のシェアを有している製品は、いずれも国内市場において70％以上のシェアを有するもの（コピー機、プラズマテレビ、液晶テレビ、オプトエレクトロニクスデバイス、ディスクリート半導体、プリンター）だけです。また、国内市場で70％以上のシェアを有する製品・サービスであっても、国外市場においては10％未満のシェアにとどまっている製品・サービスもあります。さらに、国内市場におけるシェアが70％未満になっている製品・サービスについては、ほとんどが国外市場では10％未満のシェアにとどまっています。

一方、北米企業について同様の図を見てみると（図12）、域内市場でシェアが低い製品・サービスであっても、メモリー、コピー機等多くの製品・サービスで、域外市場においても

図 11　自地域内／自地域外別に見た日本企業の市場シェア

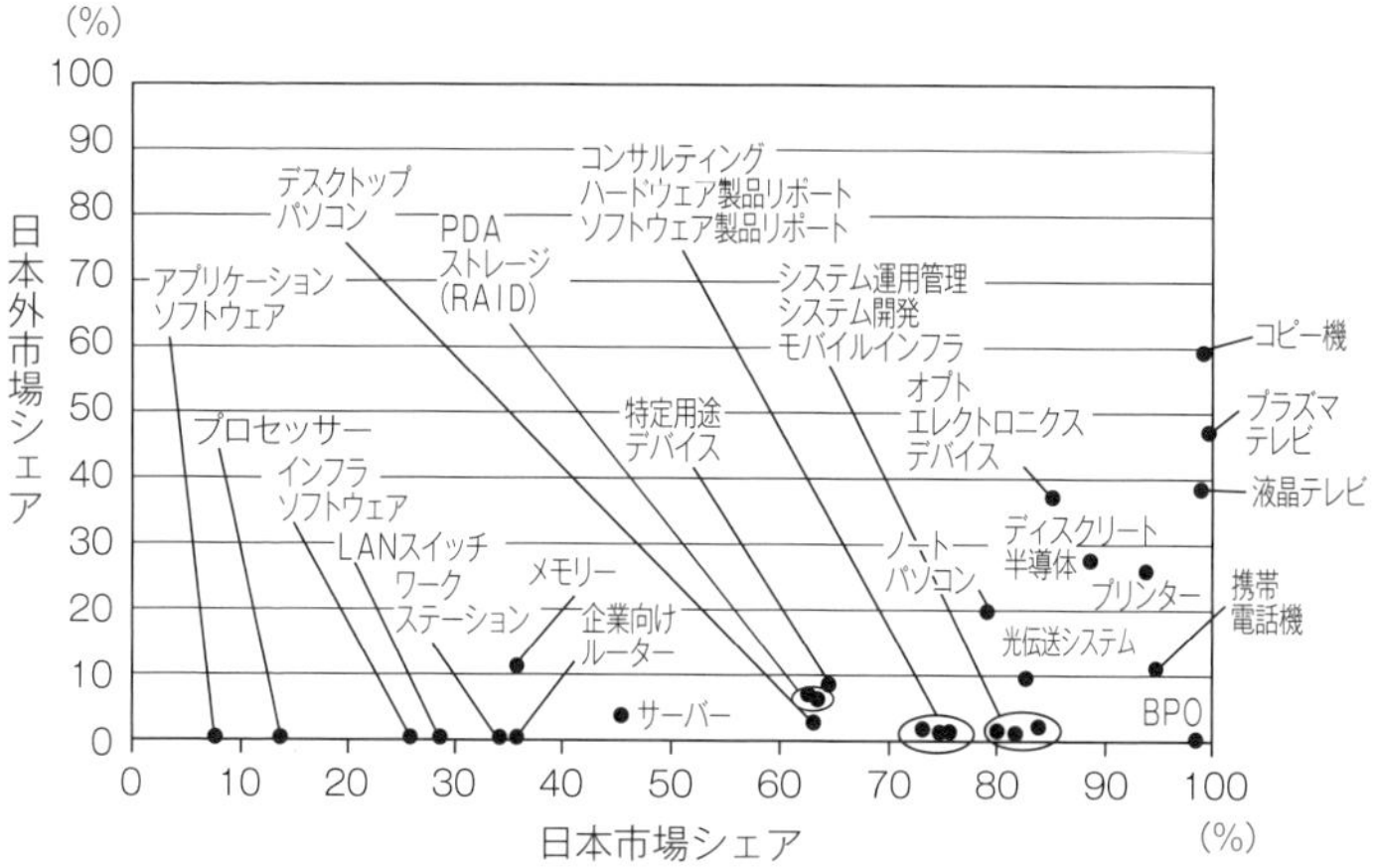

出所：総務省『平成 20 年版　情報通信白書』図表 1-2-3-1。

図 12　自地域内／自地域外別に見た北米企業の市場シェア

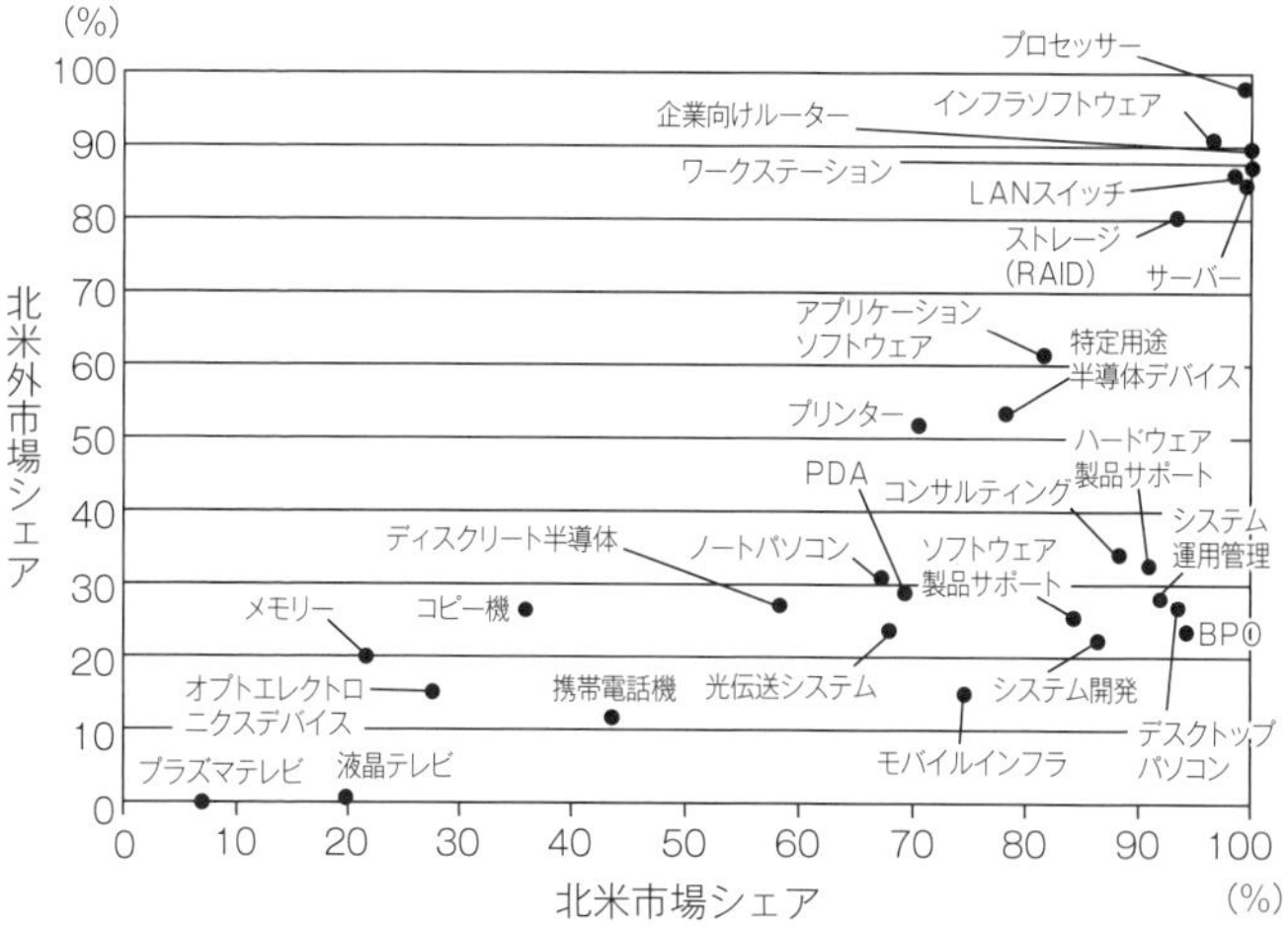

出所：総務省『平成 20 年版　情報通信白書』図表 1-2-3-3。

20％以上のシェアを獲得しています。域内市場においてシェアが70％以上の製品・サービスについては、プロセッサー等多くの製品・サービスで、域外市場において40％以上のシェアを獲得し、世界中で圧倒的な優位性を築いています。

『平成20年版　情報通信白書』では、日本企業と北米企業との差を、「日本企業は多くの場合、海外進出に慎重で、進出するとしてもまず国内市場で優位性を築いてから海外展開を図ろうとするのに対し、北米企業は市場参入時から世界市場を見据えて事業展開を行っているという点にある」と分析しています。アジア太平洋企業や西欧企業についても、いくつかの製品については、域内市場シェアがあまり高くなくても域外市場である程度のシェアを持っており、日本企業に比べて自地域内外での事業展開のバランスは取れている傾向にあると考察しています。日本企業は、市場参入時から世界市場を見据えて事業展開を行っていない傾向にあり、この事業展開の考え方の違いが、今後の企業の競争力に大きな影響を与える可能性があることが指摘されています。特に、近年、新技術が陳腐化するスピードは速まっており、新技術による事業化は国内市場から「段階的に」グローバル市場に展開するのではなく、「すぐに」グローバル市場へ展開しなければ、新技術から大きな利潤を得ることが難しくなっているといえるでしょう。世界市場でシェアを獲得するには、製品の企画段階から世界市場を見据えた事業戦略を構築しなければなりません。

国際化は企業パフォーマンスを向上させるのか

国内外の数多くの研究で、「輸出や直接投資など、国際化している企業は生産性が高く、パフォーマンスが良い」ことが示されています[14]。この理由として、国際化するためには、情報収集費用や海外販売網の構築のための費用などがかかるため、もともと生産性が高い企業のみがこれらの費用を負担でき、国際化できる、との議論があります。しかし、それだけではなく、国際化することによって外国の企業と競争したり、外国企業の技術やノウハウに直接触れたりして学習し、自社の生産性やパフォーマンスを向上させることができる、という学習効果もあります。実際、日本に関するいくつかの研究によると、輸出や海外直接投資をすることで、企業の生産性成長率は2％ほど上昇することが見出されています[15]。このことから、国際化することによって企業のパフォーマンスが向上すると期待されます。

では、日本企業のうち、国際化している企業はどれくらいあるのでしょうか。総務省の『事業所・企業統計調査』によると日本国内の企業数は、約151万6000社（2006年10月現在）、そのうち、製造業に属する企業数が約25万7000社でした。製造業企業のうち、常用雇用者数が50人以上の企業は約2万5000社です。残念ながら、この調査では、企業の輸出などの情報は得られないのですが、経済産業省の『企業活動基本調査』で、各企業の輸出や直接投資などに関する国際化の状況も調査しています。『企業活動基本調査』は、従業者数が50人以上で、かつ資本金または出資金3000万円以上の企業を対象とし、毎年、約

１万２０００社の製造業企業が調査に回答しています。つまり、『事業所・企業統計調査』で把握されている常用雇用者50人以上の製造業企業約2万５０００社のうちの半分が、『企業活動基本調査』に回答していると考えられます。『企業活動基本調査』のデータを利用して、輸出をしているかどうか、研究開発（R&D）をしているかどうか、という戦略別に企業数を計算してみました。表3によれば、製造業に属する企業約1万１０００社のうち、輸出をしている企業（表中のC＋D）は4分の1から3分の1程度の３０００〜４０００社です。つまり、日本全体の企業数から見れば、輸出をしている企業はほんの一握りの企業であるといえます(16)。一方、R&Dを行っている企業（表中のB＋D）は、全体の半数近くであり、そのうちの多くは、R&Dは行っているものの輸出はしていません。R&Dは行っているが輸出はしていないという企業の割合が日本は多いのかどうか、単純な国際比較は難しいのですが、日本企業の国際化は他国と比べてかなり遅れていると考えられます。

　イギリス、ドイツ、フランス、台湾などの企業について、同様な統計をとったものを比べてみると、日本は輸出していないR&D企業の割合が圧倒的に高いのです。表3のBにあたる企業数は、全サンプルの20〜30%ですが、同様な数値をイギリス、ドイツ、フランス、台湾について算出すると10%未満です(17)。もちろん、統計の取り方が各国でさまざまですので、単純には比較できません。また、日本は国内経済規模が大きいことや、ヨーロッパのような経済統合地域に入っていないという面でも、これら諸国とは異なります。しかし、文部科学省の『全国イ

表3　日本の製造業企業における研究開発（R&D）と輸出

	R&Dなし 輸出なし (A)	R&Dのみ (B)	輸出のみ (C)	R&Dあり 輸出あり (D)	合計
製造業企業合計					
1994年	4,935	3,502	595	2,308	11,340
	(44%)	(31%)	(5%)	(20%)	(100%)
2006年	4,804	2,658	1,009	2,796	11,267
	(43%)	(24%)	(9%)	(25%)	(100%)
中小企業（従業者数300人以下の企業）					
1994年	4,404	2,502	472	1,068	8,446
	(52%)	(30%)	(6%)	(13%)	(100%)
2006年	4,295	1,934	830	1,476	8,535
	(50%)	(23%)	(10%)	(17%)	(100%)
大企業（従業者数300超の企業）					
1994年	531	1,000	123	1,240	2,894
	(18%)	(35%)	(4%)	(43%)	(100%)
2006年	509	724	179	1,320	2,732
	(19%)	(27%)	(7%)	(48%)	(100%)

注：上段の数値は、当該活動を行っている企業数であり、下段カッコ内の数値は、合計の企業数に占める割合を示す。
出所：伊藤（2011）表1。

ノベーション調査』の結果を分析した西川・大橋（２０１０）も、日本企業の海外展開の立ち遅れを指摘しています。西川・大橋（２０１０）の分析によると、自社外の組織と協力してイノベーション活動を実施した企業の割合については日本も諸外国と同等の水準にありますが、海外の組織と協力した企業の割合は非常に低く、また、海外市場で製品・サービスを提供している企業も低い水準にあります。技術進歩のスピードが非常に速くなっている現在、日本国内だけで研究開発や事業展開をしていても、効率的な開発や高い収益を得ることが難しくなっており、海外企業との戦略的提携、海外市場への進出が企業の競争優位を決定する重要な要因となっています。

輸出や海外直接投資などを行って国際化している企業はパフォーマンスがよいことを、すでに述べました。表3からわかるように、日本には技術はあっても輸出していない企業がまだ数多く存在し、これら企業が輸出を開始すれば、外国企業の技術やノウハウを吸収したり、外国企業と競争したり、また外国へ市場を拡大することによってパフォーマンスを向上させることができるかもしれません。また、戸堂(2010、2011)も、日本企業の中には国際化はしていないものの生産性が高く優れた企業が数多く存在していることを指摘し、これら企業を「臥龍《がりょう》企業」と呼んでいます。そして、臥龍企業の国際化を進めることによって、日本経済の生産性をさらに向上させていくことは可能であると主張しています。[18] 実際に、輸出開始後のパフォーマンス向上効果を分析した私の研究結果をご紹介すると、R&Dを行っていた企業は、輸出を開始すると、輸出を開始しなかった企業よりも生産性成長率が高くなります。しかし、R&Dを行っていなかった企業は、輸出を開始しても、輸出を開始しなかった企業の生産性成長率と差がありませんでした。また、R&Dを行っていて輸出を開始した企業は、輸出開始後3年が経過しても、輸出を開始しなかった企業よりも生産性の成長率が高く、生産性向上効果は持続していました。つまり、すでにR&D活動を行っていて技術知識の蓄積がある企業が輸出を開始すれば大きな生産性向上が期待できます。既存の技術知識を活かし、海外での市

コラム2－2　円高と輸出への影響

本章では、技術知識の蓄積がある企業が積極的に輸出を開始して、海外市場開拓に取り組むことが必要と述べましたが、2011年10月現在、円相場は史上最高値を更新しつづけており、円高は長期化しそうな様相です。積極的に輸出せよといわれても、この円高水準では海外で価格競争力がないとの反論が聞こえてきそうです。

もちろん、円高は輸出企業にとって大変な逆風です。単純にいえば、1ドル＝100円の為替レートのとき、海外で10ドルで販売した売上は、円建てで1000円になります。しかし、円高が進んで1ドル＝75円となると、10ドルで販売した売上は円建てで750円にしかなりません。為替レート変動だけで、円建てでみた売上高が25%も減ってしまうのです。

この円高水準を是正する必要がありますが、そのためには諸外国との為替調整やデフレの解消など長期的に解決策を講じていくより仕方がない状況です。しかし、この円高の中でも着実に収益を伸ばしている企業は少なくなく、技術やブランド力に裏付けられた競争力の高い製品を持つ企業は、価格交渉力が強く、収益を拡大しています（日本経済新聞2011年10月26日『高シェア企業、逆風下でも好調』『ファナック、最高益に』など）。世界市場を見据えた開発・販売戦略によって得意分野で高いシェアを得ることにより、為替レート変動の影響を受けにくい体質を構築し、果敢に海外市場に出ていく企業が成功するといえるでしょう。ただし、為替レートを適正な水準に安定させるために、抜本的な政策を講じる必要があることはいうまでもありません。

場開拓に積極的に取り組むことが重要で、こうした企業の国際化の支援が極めて重要と考えられます[20]。

4　おわりに

東アジア諸国は、国境を越えたフラグメンテーション（工程間分業）を進展させ、世界各国に多くの工業製品を供給する「世界の工場」に成長しました。日本企業は、「世界の工場」で生産される製品の基幹部品を国内で生産し、それらを東アジア各国に輸出し、フラグメンテーションの中で重要な役割を果たしています。しかし、最終財の輸出先として域外の欧米諸国に依存していたため、域外での経済ショックに対して脆弱な経済構造になっていました。また、日本は、依然として基幹部品の重要な輸出国でありますが、韓国や台湾などから猛烈な追い上げを受けています。例えば、経済産業省『通商白書２００５』では、日本の国際競争力の変遷を分析し、日本はすでに最終財の国際競争力はなく、中間財の国際競争力が強い産業が多いことを示しています。また、韓国などが、徐々に中間財の国際競争力をつけてきており、日本との競合度を高めてきていることも示しています。

しかし、日本には、技術知識の蓄積がありながらもまだ国際化していない企業が多数あります。これら企業が輸出する機会を得れば、海外企業との競争や海外市場からの学習効果によっ

コラム2－3　TPPと日本の国際競争力の再構築

近年、東アジア各国は、ASEANに日中韓やインド、オセアニアまでを加えた広域の多国間FTAの締結や、環太平洋戦略的経済連携協定（TPP）などの域外諸国も含めた自由貿易の推進を検討しています。域内各国の所得の上昇と自由貿易圏の拡大によって、東アジアは生産・供給面の経済関係だけでなく、需要面・市場としても統合度を高めていくことが期待されています。貿易や投資における制度面での統合が進めば、日本企業の国際展開もしやすくなり、海外の優れた人材の活用も進むでしょう。FTAや経済連携協定の拡大は、アジアや世界の成長を国内経済にとりこむ大きなチャンスになりえます。

もちろん、日本企業が国際展開しやすくなるということは、逆に外国企業が日本に入りやすくなるという面もあり、国内での外国企業との競争が激しくなることは否めません。国内で比較的競争力がない企業や産業は、厳しい競争にさらされて、苦しい経営環境に置かれることが予想されます。しかし、一部の企業や産業の保護のために、有望企業の国際展開のチャンスを制限してもよいのか、また、競争力がない企業をこのまま保護しつづければ競争力がつくのか、外国企業を排除せずに国内企業の競争力向上を実現する方法はないのか、活発な国民的議論が必要でしょう。ただし、世界的な流れは遅かれ早かれ自由貿易推進の方向であることを踏まえれば、自由貿易をするかしないかの二者択一ではなく、自由貿易拡大を前提に、いかにして、強い企業をさらに伸ばし、弱い企業の底上げを図ることができるのか、個々の利害を超えた広い視野で議論を深めていかなければなりません。

て生産性向上を実現する可能性が高いのです。また、東アジアでは中間所得層や富裕層の増加が見込まれており、東アジア各国間の所得水準格差も縮小傾向にあります。東アジアは、中間財の貿易を中心に「世界の工場」として発展してきましたが、今後は「世界の需要地」（経済産業省『通商白書２０１１』）へ変化していくことが期待されています。日本は、このように拡大していく市場に近接しながらも、海外市場をターゲットに事業を展開する企業が比較的少ないようです。新技術が陳腐化するスピードが速まる中、グローバル市場に迅速に展開していく必要がありますが、グローバルな事業展開によって生産性を向上させる可能性がある企業が、日本にはまだまだ数多く存在します。こうした企業が輸出を増やし生産を増やすことによって日本の経済規模は拡大しますし、また生産性の向上分が労働者に還元される仕組みを整えれば、賃金水準が上がって、国内需要の拡大も期待されます。技術力があり、かつ機動力のある企業の国際展開を推進していくことによって、東アジアや世界の経済成長を日本経済の成長に結び付けていかなければなりません。そのためには、こうした有望企業に、多様性ある人材、知識、資金が供給されるよう、政策的に支援していくことが重要です。

〈注〉

（1）経済のグローバル化とは、一般に、モノ・カネ・人が国境を越えてグローバルに移動する状態をいいます。

（2）内閣府景気動向指数研究会によれば、この時期（第14循環）の景気拡大期は73カ月続き、拡大期が57カ月続いた「いざなぎ景気」（1965年10月〜1970年7月）を超え、戦後最長の景気拡大期といわれました。
（3）例えば、厚生労働省『毎月勤労調査』などに、名目賃金・実質賃金ともに、その水準が趨勢的に低下していることが示されています。
（4）2000年代以降、WTOでは各国の利害対立が深刻化し、世界規模での貿易自由化は停滞していますが、地域間や二国間の自由貿易協定（FTA）締結の動きは活発で、貿易自由化への取り組みは進展しています。
（5）例えば、経済産業省『通商白書2007』には、世界の財貿易は1990年代以降飛躍的に増加し、世界各国の国内総生産（GDP）の合計額よりも財貿易額の方が、その増加のスピードが速かったことが記されています。
（6）EU15カ国とは、1995年までにEUに加盟した15カ国を指し、具体的には、ドイツ、オーストリア、ベルギー、デンマーク、スペイン、フィンランド、フランス、ギリシャ、アイルランド、イタリア、ルクセンブルク、オランダ、英国、ポルトガル、スウェーデンです。
（7）財の分類は、国際連合の Broad Economic Categories（BEC）分類に従って分類されています。
（8）詳細は、深尾・伊藤（2009）などを参照していただきたい。
（9）フラグメンテーションとは、英語の fragment（フラグメント：「破片、寸断する」といった意味がある）からきた用語で、細分化することを表します。「フラグメンテーション」という用語のほかに、工程間分業、工程間国際分業といった用語も同様な意味で用いられます。
（10）生産活動には、労働や資本の投入が必要であると考えられており、労働や資本などを、「生産活動に必要な要素」という意味で、生産要素と呼びます。

(11) 労働集約的、資本集約的という用語は、生産工程に労働を多く投入する、または資本を多く投入する、という意味で用いられます。

(12) 詳細は、経済産業省『通商白書2011年版』第3章などを参照していただきたい。

(13) 名目の為替レートとは、ある時点における各通貨の交換比率のことであり、その時点における各通貨の需要と供給のバランスによって、為替レートの水準が決まります。毎日のニュースの中で、「本日の円相場の終値は、1ドル○○円でした」のように伝えられる為替レートが名目の為替レートです。

(14) 例えば、戸堂（2011）などを参照していただきたい。

(15) Kimura and Kiyota（2006）や Hijzen 他（2007）などを参照していただきたい。

(16)『企業活動基本調査』では、各企業の輸出額を調査していますが、当該企業名で直接輸出したもののみを記入することとなっており、当該企業が商社や卸売業者などを通じて間接的に輸出したものは含まれていません。間接輸出も含めれば、もっと多くの企業が輸出を行っている可能性がありますが、あいにく日本の統計からは、間接輸出を正確に捉えることができません。ただし、外国の企業と取引をして、優れた外国企業の技術やノウハウを学ぶためには、間接的な輸出よりも直接輸出の方がより学習効果が大きいと考えられます。

(17) イギリスについては Harris and Li（2009）、ドイツは Becker and Egger（2007）、フランスは Bellone 他（2010）、台湾は Aw 他（2005）の研究をもとに算出しました。

(18) 臥龍とは、三国志の時代に、劉備《りゅうび》に仕える前の諸葛孔明《しょかつこうめい》を指し、野に隠れて世に知られていない大人物、実力はあるがまだ飛躍できていないものを意味します。

(19) 詳細は Ito and Lechevalier（2010）を参照していただきたい。

(20) Ito and Lechevalier（2010）によれば、輸出をしていない状態から輸出開始に踏み切る企業の割合はかなり小さく、日本企業の輸出開始にとって、何が重要な決定要因なのか、まだ明確な答えは得られていいません。しかし、政府や商社や銀行、国内の他の輸出企業からの情報や、輸出開始にかかる資金の安定供給などが有効だろうと期待されています。

(21) ここでは、ある財について、輸出が輸入を上回っている場合に国際競争力があると定義し、輸出が輸入を上回る度合いを算出して分析しています。

(22) Paprzycki and Ito（2011）の Figure 5.8 などを参照していただきたい。

〈参考文献〉

伊藤恵子（２０１１）「輸出による学習効果の分析：輸出開始とイノベーション活動の相互作用」RIETI ディスカッション・ペーパー No. 11-J-066、独立行政法人経済産業研究所

戸堂康之（２０１０）『途上国化する日本』日本経済新聞出版社

戸堂康之（２０１１）『日本経済の底力』中公新書

西川浩平・大橋弘（２０１０）「国際比較を通じた我が国のイノベーションの現状」NISTEP ディスカッション・ペーパー No. 68、２０１０年９月、文部科学省科学技術政策研究所

深尾京司・伊藤恵子（２００９）「東アジアにおける工程間分業と中間財貿易の進展」『ＪＢＩＣ国際調査室報』No. １、国際協力銀行

若杉隆平（２００７）『現代の国際貿易―ミクロデータ分析―』岩波書店

Aw, B. Y., M. J. Roberts, and T. Winston (2005) "The Complementary Role of Exports and R & D Investments as Sources of Productivity Growth," NBER Working Papers No. 11774, Cambridge, MA: National Bureau of Economic Research.

Becker, S. and P. H. Egger (2007) "Endogenous Product versus Process Innovation and a Firm's Propensity to Export," CESifo Working Paper No. 1906 (forthcoming in *Empirical Economics*).

Bellone, Flora, S. Guillou, and L. Nesta (2010) "To What Extent Innovation Accounts for Firm Export Premia?" mimeo.

Harris, R. and Q. C. Li (2009) "Exporting, R & D, and Absorptive Capacity in UK Establishments," *Oxford Economic Papers* 61(1): 74-103.

Hijzen, A., T. Inui, and Y. Todo (2007) "The Effects of Multinational Production on Domestic Performance: Evidence from Japanese Firms," RIETI Discussion Paper No. 07-E-006, 独立行政法人経済産業研究所

Ito, K. and S. Lechevalier (2010), "Why Some Firms Persistently Out-Perform Others: Investigating the Interactions between Innovation and Exporting Strategies,"*Industrial and Corporate Change* 19 (6): 1997-2039.

Kimura, F. and K. Kiyota (2006) "Exports, FDI, and Productivity: Dynamic Evidence from Japanese Firms," *Review of World Economics* 142 (4): 695 -719.

Paprzycki, R. and K. Ito (2011) "Investment, Production, and Trade Networks as Drivers of East Asian Integration," in S. Armstrong, ed., *The Politics and the Economics of Integration in Asia and the Pacific*, Routledge.

第3章　現代日本農業の原点を考える
——農地・食糧問題を中心に

永江雅和

1　はじめに

はじめまして。今回のテーマは「農業」です。農業とひとくちに言いましても、農業を巡るテーマは非常に多様です。食糧問題、農地問題、貿易問題、経営問題、農家問題、そして環境問題とさまざまですが、こうした問題を整理する手がかりとして、ひとつだけ雑談をさせてください。私が大学院入試の面接で、ある先生から「きみは『農政』と『農業政策』の違いがわかりますか?」と質問されたのですね。その時には、うまく答えられなかったのですが、この質問は今でも農業問題を考える手がかりとして、時々思い出すことがあります。

この質問に正解があるわけではなかったと思います。ただ、「農業政策」といった場合、対象は産業としての農業をどのように発展させるのかという、ややマクロなニュアンスが出るの

図1　日本の農林水産業の生産額

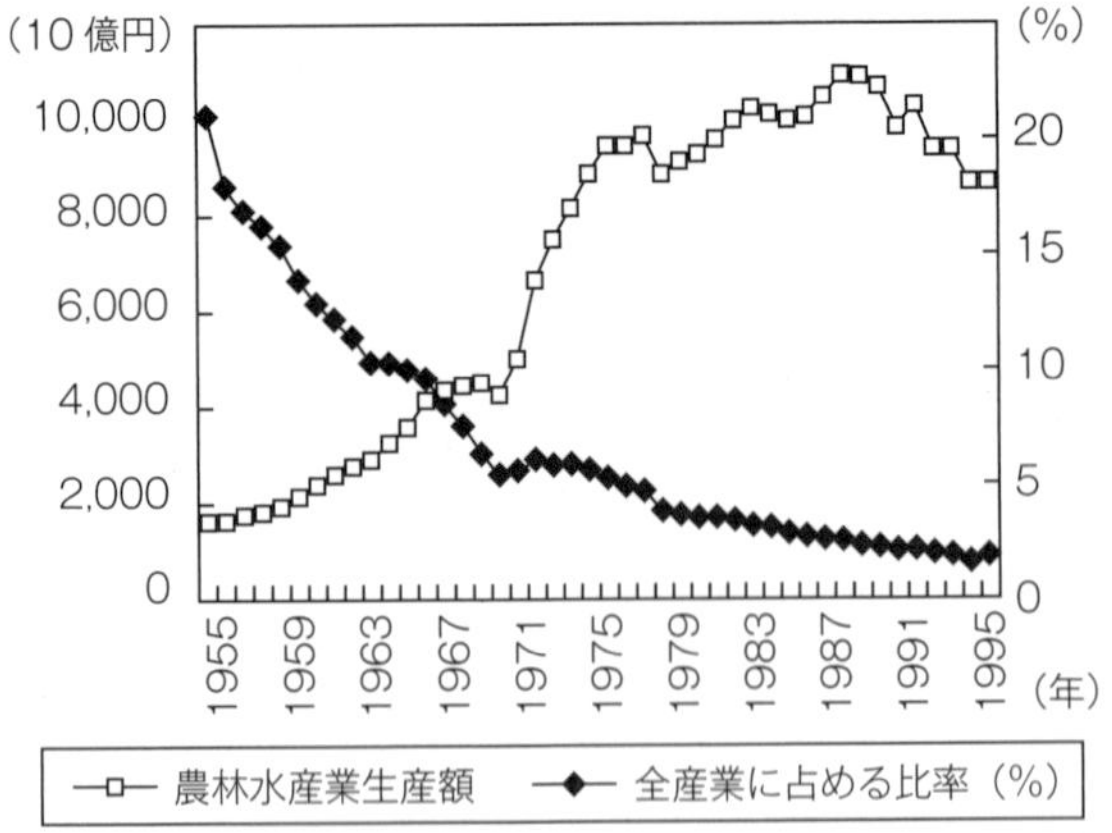

資料：総務省『経済活動別国内総生産（産業大分類別）』より作成。生産額は名目値。

図2　就業者数に占める農林業

資料：総務省『労働力調査』より作成。

に対して、「農政」という言葉は農村・農家・農民という、地域と担い手に注目したミクロな意味合いの強い言葉だと思います。

もうひとつ、この「農村」、「農民」という用語自体が、今日ではあまり使われなくなったように思います。「農村」といいましても農業だけやっている地域は今日あまり見られなくなりました。また、「農家」という言葉の持つ「家業」のイメージについても現代の農業が、かならずしも家族でやるとは限らなくなってきているように思うわけです。身分制を想起させる「農民」という言葉に至っては、もはや死語かもしれません。現代では「農業者」という表現が一般的になりつつあります。

図1と図2で、現在の農業の日本経済における位置を示してみました。1998年と少し古いですが、国内農林水産業の生産総額は8・6兆円。産業全体に占める比率は2％を切っている状態です。就業者についても、1955年には1千万人を越え、就業者の30％を越えていた農業就業者は、今や200万人を割っており、比率もわずか3％となってしまいました。

かつて農業問題は、地域社会問題、もっとストレートに言うと、貧困問題を含む社会問題として把握されていたのだと思います。近代経済成長の途上にある国においては、農村部の貧困という問題は、かなり普遍性を持つ社会問題であるわけで、戦前の、そして戦後のある時期までの日本にも、そうした問題が存在しました。「農政」という用語にはそうした単なる1産業問題を超えた問題意識が内包されていたと思うのです。農業問題を巡るアプローチが、単なる産業問題に留まらない、ということだけ最初に御理解頂きたかったわけですが、日本農業の日本経済に占める地位がこの数十年間で大きく変わったこともまた事実です。

前置きが長くなりましたが、今回頂いたテーマは「現代日本農業の原点」というものでした。私自身の専門は近現代史ですので、さしあたり戦後農地改革を「原点」と考えますが、もちろん、もう少しさかのぼって考えることは可能です。古代律令制とまでは行きませんが、起源は最低でも太閤検地にまでさかのぼることになるだろうと思います。とはいえ、今回の公開講座は歴史を主な対象にするものではありませんから、いわゆる戦後自作農体制以後の日本農業について、私個人の研究と関わる範囲でお話しさせて頂こうと思います。

2　農地改革と食糧管理制度

戦後農地改革の意義とは?

私の研究テーマはひとことでいうと、農地改革研究です。戦後、農地改革が実施され、地主の所有していた土地の多くが小作農に分配された。そのことは、中学・高校の日本史でも広く学ばれていることだと思います。私は埼玉県の現八潮市にあった潮止村と八條村という2つの村の事例を長年研究してきましたが、この地域は東京という大市場に近いため、戦時中から漬菜と呼ばれる野菜の産地となり、小作農といえども豊かな経済力を蓄えていました。また旧利根川の水運によって東京からの屎尿が輸送されましたから、戦時中にも肥料不足と無縁の地域でありまして、結果として戦後非常に活発な小作農の運動によって、徹底的な農地改革が実施された地域です。占領軍主導で実施された第二次農地改革が全国的に貫徹された背景に、経済力を蓄えた小作農の経済力と、政治力の向上があったということが研究のひとつの論点になっていました。

改革の結果、国内小作農の数が激減して、土地持ち農家である、戦後自作農を中心とする農村秩序が構築された。これを戦後自作農体制と呼ぶわけです。この農地改革は地主の土地を小作農に政府が強制的に売り渡したわけですが、資産分配を公平化することで、農村の貧困を緩和したことは疑いないですし、それが高度成長期における分厚い国内市場形成、たとえば三種の神器に代表される耐久消費財の購入層拡大に結びついた点が通説的に評価されています。ただ改革が農業生産に与えた影響については評価が分かれるところがありまして、改革で土地を獲得したことによって、農家の生産意欲が向上したというポジティブな評価と、改革によって戦前からの零細経営が固定化され、それが日本農業の競争力低下の原因につながったのではないかというネガティブな評価が対立しています。私の立場は基本的に前者の方で、後者の批判は、やや非歴史的といいますか、1940年代の農業技術的には国内に大規模経営の土壌は存在していなかったと考えています。戦後農業の大規模化に関して失敗というか、可能性があって失敗した時期があるとすれば、それはもっと後の、高度経済成長期の地価高騰期の対処に

写真左：埼玉県八潮市、東京に隣接した農村地帯であるため、蔬菜作が発展した地域だった。　写真右：戦後は工場誘致や高速道路の開通の結果、急速な農地かい廃が進んでいる。

あったと思います。

　そうしたなかで、私が研究したのは、平たくいえば「農地改革はなぜ成功したのか?」というテーマです。「成功」という時点で農地改革自体をポジティブに評価しているわけですが、戦後改革の多くは早い段階でバックラッシュ、つまり反動が起こっているわけで、財閥解体は実質計画の半分も実施されませんでしたし、労働改革も早い段階で逆コースと呼ばれる世相のなかで改革の見直しが進められてゆく。そうしたなかで例外的に農地改革だけは、政策当初の理念が長く受容され、目立った反動もなかったわけです。そういうとよく「占領中だったから『仕方なく』だったんじゃないの?」という反応があるのですが、他の戦後改革はそうではないわけですから、それは説明になってないと思うのです。

　私の結論をいいますと「農地改革は食糧危機下で遂行されたため、当時の日本社会に受容された」というものです。戦後の日本は、植民地を喪失し、貿易が途絶したことで、非常に厳しい食糧難に陥りました。こうした状況はすでに戦時中に戦局が悪化するなかで、起こっていたわけですが、そうしたなかで、政府としても国内農業生産力を最大化する必要に迫られたわけです。そのため、単に農地を所有するだけの地主よりも、現に耕作をして銃後の食糧を生産している小作農を農政の中心に据えるべきだとの議論が強くなってきて、小作料統制令、臨時農地等管理法などの農地改革のベースになる立法が行われます。ですから、農地改革の理念はすでに戦時中から存在していたことになります。

戦後の農地改革は、政府や占領軍のレベルではさまざまな思惑をもって立案されるわけですが、立案した農林官僚は戦時中から連続して在職していますし、なにより、現場の農村部において、「全国的な食糧難に対抗するために農地改革を実施すべき、あるいは受け入れるべきだ」という理念が共有された。それは食糧難に悩む都市住民からしても、受け入れやすい話であったと思います。現実問題として戦時中から戦後にかけて、米は統制化され、供出・配給制度がしかれていました。この制度は政府による農産物の強制買い上げですから、農家の負担が非常に重い制度です。農家としては、できれば闇市場に流したい。その方が儲かるわけですから、市場の論理としては当然でしょう。しかしそこを安い値段で強制的に政府が買い上げたわけですから、見返りは必要だった。それが農地改革であったというわけです。戦後食糧難のなかで、農家に対して統制という「ムチ」を行使するにあたっての、「アメ」が農地改革であった。それが私の理解です。

未墾地解放の事例

農地改革は食糧難の時期に耕作者、用益者を優遇する措置として社会に受容された。この解釈を間接的に補強する議論として、私が研究しているのが、戦後の未墾地解放、戦後開拓に関する研究です。厳密に言うと、未墾地解放も法律上は自作農創設特別措置法、つまりいわゆる農地改革法の体系内で実施されるのですが、中身はかなり異なります。一般の農地改革は、原則として、その農地を耕作している小作農に、農地所有権を付与するものです。つまり所有権はないけれども、用益の実績はある。その土地を最大限活用することができるという、一定の保証があるわけです。しかし未墾地解放はそうではない。軍人や中国大陸、朝鮮半島から帰国してきた人々、最初は地元出身ではない県外者を国内の未墾地、つまり飛行場などの軍用地や国有林、民有林、湿地など、現況が農地ではない土地を開墾・干拓などして農地化し、所有権を与えて入植させる。後半は地元農家の増反や次三男の入植という路線に転換してゆきますが、耕作の実績のない土地の所有権を用益の実績のない人に与えるという意味で、通常の農地改革とは本質的に異なる土地改革であったわけです。ですから、通常の農地改革に比べて、大変にトラブルというか紛争が多く生じました。

まずは開墾の妥当性からです。食糧難なのだから、そのあたりの未利用地をどんどん開拓すれば良いだろうかというと、そういうわけにはいかない。一見未利用地に見えても、日本の国土にはさまざまな用益権が付随しています、燃料や肥料を取るための入会権、湿地であれば漁

写真左：茨城県稲敷市の新利根開拓農協のあった集落。　写真右：霞ヶ浦湖畔の開拓地で現在でも酪農経営が続けられている。

業権がある。さらに水利権の問題、その土地を農地化すれば、近隣農地の用水が減少する恐れがある。さらに山林、平地林が多いですけれど、上流の山林を伐採すると、洪水リスクが高まる。農地化とはいえ、山林の伐採には自然破壊の一面もあるわけで、公害問題、環境問題的な意味での批判も出るわけです。干拓については言うに及ばずで、今に至るまで九州の諫早湾などでは紛争が続いています。

仮に耕地化が妥当であるとしても、次は誰に農地所有権を付与するべきなのか。従来の耕作者に付与すれば良かった通常の農地改革に比べて、この点がさらに難しくなります。大陸からの帰国者、県外入植者に対しては社会的偏見を孕んだ反発が常に存在していました。そうした感情的反発を除いても、入植者のなかには軍人など前職が農業ではない人も含まれていました。そのため通常の農地改革と違い、その土地を最も有効活用できるのが、入植者であるという保証は存在しなかったのです。さらに接収軍用地の場合には、接収前の所有者だった農家が土地の返還を主張して、新しい入植予定者との間で紛争が生じたケースも存在しました。以上のような問題から、徐々に農業の実績のある地元農家の増反や次三男の入植を優先する路線に転換してゆきます。有効な用益の可能性が評価されてゆくわけです。

戦後開拓では終戦直後においては、軍人や復員者・帰国者の入植を優遇していました。ですから、旧満州開拓からの復員者などは、大陸で学んだ畜力農法や、共同経営など、当時革新的と言われた農法を積極的に取り入れてゆく事例を多く見ることができます。茨城県大須賀村に建設された新利根開拓農協では、旧満州からの帰国者を中心に酪農をベースにした先駆的酪農経営が試みられ、全国的に知られるということもありました。畜産を取り入れた開拓集落が多いのは、稲作に適さない地域に入植せざるを得なかった事情によるところも大きいのですが、新農法の先駆者となることで、自ら農地所有の正統性を示さねばならなかった。農地改革における土地所有の再分配が用益者を優遇するという理念で社会に受容されたのだとすれば、用益者の定かならぬ所有の再分配である戦後開拓は、困難をより増すことになる。結果として所有権を得たものは、所有の正統性を示すために、よりよい用益者であることを示さねばならない。こうした意味で未墾地解放の問題は、農地改革の歴史的性格を理解する上で重要な論点であると考えることができるのです。

結局農地改革の今日的意義とはなんだったのでしょう。それは、日本の土地制度史上に、「土地所有の公共性」を刻み、「所有権の正当性は有効な用益によって保証される」という理

コラム３－１　日本が米輸入国になったのはいつ？

日本が食糧輸入国になったのはいつからでしょう？　江戸時代の日本は原則として「鎖国」（近年では当時の貿易が意外と活発であったことが明らかにされつつありますが）であったため、食糧は自給されていました。そして幕末の開国から明治時代にかけて、日本は食糧輸出国となります。日本の主に西日本産米は神戸港から欧州方面に出荷され、イタリア等で好評を博していたのです。その状況が転換するきっかけとなったのは日露戦争（1904 ～ 05 年）でした。明治期の経済発展によって国民の食生活が向上したこと、そして従軍経験者の増加（当時の兵食は白米でした）により、農村出身者の米食率が向上したことが原因であったと言われています。当時の日本では米は優等材（消費の所得弾力性がプラス）であり、所得の増加が米の消費を増やしていったのです。

その後日本は植民地化を進めた朝鮮と台湾で産米改良事業を実施することにより、両地の食糧基地化を進めました。これを帝国主義的食糧自給圏と呼びます。こうした政策の結果、1930 年代には植民地圏を含んだ形で日本の食糧自給が達成されたことになります。ただ植民地は外国ではありませんから、関税を賦課することはできず、植民地米が外国米以上に国内の米価を圧迫するという皮肉な事態も起こりました。

しかし植民地の収奪の上に成り立つ食糧自給圏は戦争によって崩壊します。1939 年以降、朝鮮半島における農業生産が疲弊した結果、日本への供給が途絶し、日本は食糧管理法による統制経済に移行することになりました。戦後の占領期には貿易がほぼ途絶したなかで飢餓的水準による自給を強いられましたが、講和後には輸入が増加し、アメリカとの MSA 協定による余剰農産物輸入の影響もあり、一挙に自給率が低下してゆきました。その後の高度経済成長のなかで日本の食糧自給率は低下の一途を辿ることになるのです。

念を定着させた点にあると思います。農地という公共性のある財に対して、私的所有権が100％貫徹されるべきではない。十分な「用益」を行なっていない、有効活用していない所有者の権利は制限される。現在の農地所有者、土地所有者も、そのような意識を持つべきであると考えます。

3　高度経済成長期の日本農業と農村

工業化と農地のかい廃

食糧危機下の農地改革で土地の公共性が強く意識されることになった。実はその後、農地改革の成果を骨抜きにする、ひとつの制度変更が行われていたことは指摘する必要があります。自作農創設特別措置法にあった、政府の先買権規定の消滅です。これは農地改革によって土地所有権を得た農家が、耕作を放棄した場合、政府がこれを再買収する権限を定めたものでした。これは農地所有の根拠を耕作に定めた農地改革の理念に沿った規定であったと思います。しかしこの規定が時限立法であった同法の失効とともに消滅してしまった。そして農地改革の成果を継承するための農地法にも引き継がれなかった。これは農地所有の公共性を空洞化させる重大な契機だったと言えます。

とはいえ、1952年に成立した農地法そのものは、当初は農地の転用に非常に厳しい内容

図3　全国耕地面積とかい廃面積推移

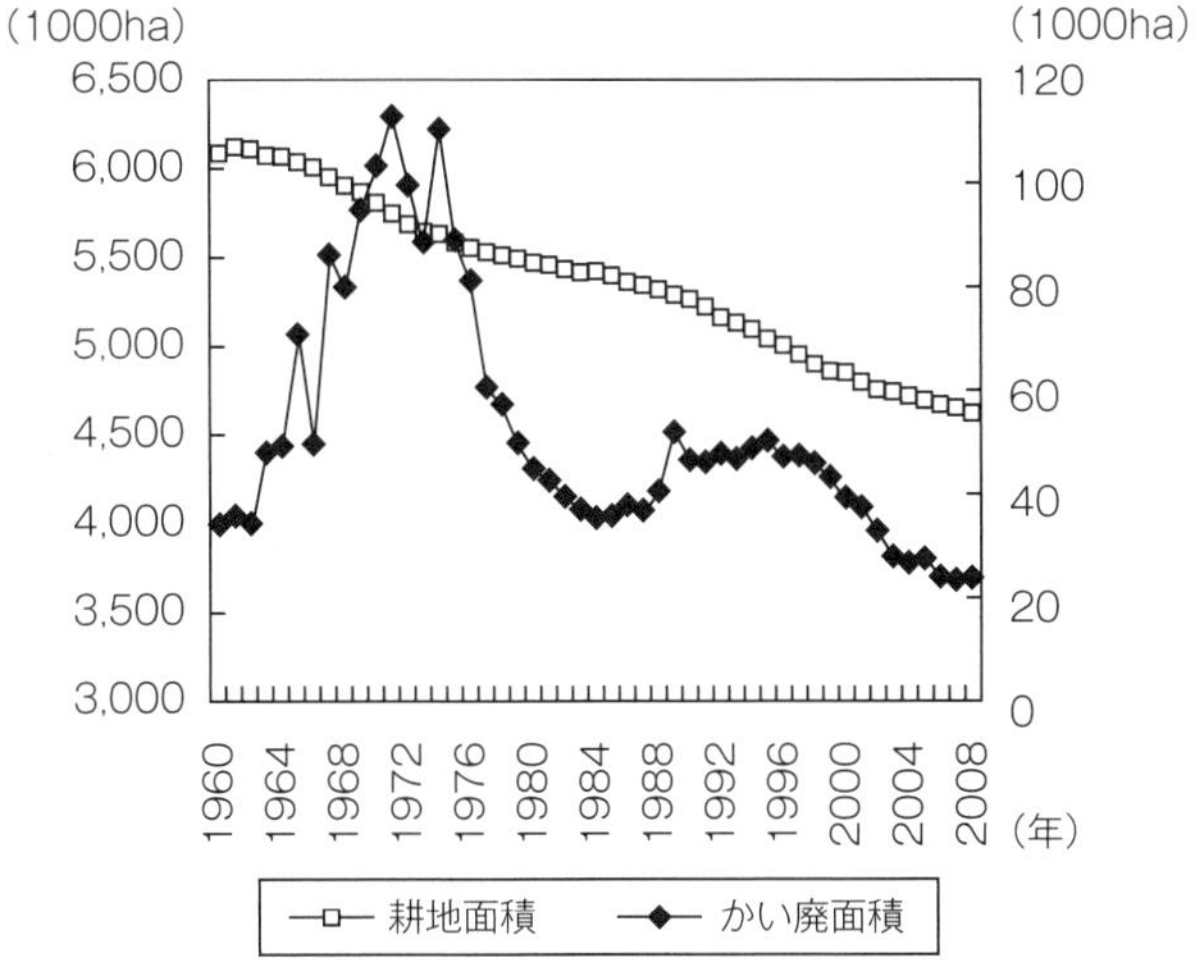

資料：農林水産省『耕地および作付面積統計』

を持つ法律であったことから、農地の安易な転用は当初難しい状況でした。状況が変化するのは55年以降のことです。ひとつの契機は１９５０年代に生じた全国的な工場誘致の動きでした。当時財政難に苦しむ地方自治体が積極的な工場誘致運動を展開しました。私のフィールドであった八潮市域（当時は八潮村）においても、50年代後半以降、固定資産税の減免を条件に積極的な工場誘致活動が行なわれたことが記録されています。その過程のなかで農地転用の基準が緩和され、農地改革対象農地の多くが工場用地として転売されることになってしまいました。当然旧地主達は反発しました。八潮村でも「自分たちは食糧難の日本に協力するために涙を飲んで農地改革に協力したのに、その農地を買った小作農家が

10年も経たぬうちに農地を工場に売り払い代金でベンツに乗っているのは許し難い」と。このような当時の陳情書が残されています。しかしこの時点では工場用地のために農地を販売するのは自治体の財政を好転させるため、という大義名分がまだありましたので、辛うじて「公共性」は担保されていたとも言えます。また地域では農地を工場に販売する際、できるだけ多くの農家を関与させ、均等な面積を販売させるなどの利害調整を行った事例も存在します。この時点で農地所有の公共性が完全に崩壊したとは言えなかったと思います。それが危機的な段階に至ったのは１９６８年に成立した新都市計画法の制定と、70年代の列島改造ブームではなかったかと思います。図3で国内の農地面積と、かい廃面積の動向を示しましたが、１９６０年代後半から70年代前半に大規模な農地の宅地化・工場用地化が進行したことがわかると思います。１９６０年から２００８年までの約50年間にかい廃された農地面積累計は約１４０万ヘクタール。これは東京都の全面積の6倍以上、岩手県全域に匹敵します。

都市計画法の市街化区域と市街化調整区域の線引きは、乱開発防止が目的であったとはいえ、市街化区域内の農地転用を公然と正当化させる契機となりました。また、同法成立から具体的に市町村で線引きが行なわれるまでの間の期間に、市街化調整区域に予定されていた農地で大量の駆け込み転用が発生したこともわかっています。さらにその後到来した70年代の列島改造ブーム、80年代のバブル経済期と、農地転用利益があまりにも巨大なものだということがわかってしまった。さきほど岩手県一県分の農地が失われたと言いましたが、裏を返せばそれだけの宅地用・商工業用不動産が国内に産み出されたということでもあります。それが日本経済の、特に内需や信用に与えた影響は別途考慮する必要があるでしょう。また農業という産業は天候リスクや価格変動リスクなどを抱え、一般の製造業以上のリスクを持つ産業だと思いますから、いざという時に農地を処分できるということが、農家経営上のある種の「保険」になったという点は否定できません。とはいえ、転用利益がクローズアップされすぎることで、農家の意識から農地所有の「公共性」という観点が希釈されてしまった側面はあったと思います。

ブランド産地の形成と農業改良普及事業

高度成長期は農地問題の観点からは問題の多い時代だったと言えるのですが、一方で果樹や野菜、畜産を中心とした国内産地が形成された時代であったということも言えます。戦後の食糧難のなかで主要食糧と呼ばれる米以外に畜産、蔬菜、果樹などの生産拡大を進めようとした政策としては1961年に制定された農業基本法が有名ですが、私が注目して研究したのはもう少し前に実施された農業改良普及事業です。実はこの政策は農地改革と同じ戦後改革期に制定された農業改良助長法によって定められたもので、戦後農家の農業技術の普及指導と、それから重要なことですが、農家の生活改善を指導することを目的とするものでした。同法に基づいて全国には農業改良普及所が設けられ、所属する農業改良普及員・生活改良普及員たちが保

写真左：小田原市根府川にある神奈川県農業技術センター根府川分室。
写真右：技師達と現地農家の協力によって、今日でもミカンの品種改良の努力が続けられている。

温折衷苗代や、かまどの改善といった技術・経営・生活指導を行なうという体制が整備されました。

神奈川県小田原市南部の沿岸地帯は戦後初期まで片浦村といいまして、県内有数のミカン作地帯でした。この地域では普及所と試験場、そして地元の農事研究会が良好の関係を構築できるかどうかが、産地化の成否を分かつことになります。片浦村は関東大震災で大被害を受けた村なのですが、復興の過程で村をあげての柑橘産地化に取り組みます。最初に二宮にあった県立園芸試験場の分場を村内に誘致し、専任技師に常駐してもらうことからはじめました。用地は村が寄附し、建物建設には住民が無償奉仕を行ないました。技師として赴任した藤田克治さんという方は、本来は桃や梨などの落葉果樹の専門家でしたが、地元の農家と競い合うように技術を習得し、県内随一のミカン技師になったといいます。この藤田さんや、地元の農事研究会の若者達（なかには後に小田原市長になる中井一郎さんもいらっしゃいます）が協力して片浦村を県下随一のミカン産地に育ててゆきました。

ところで産地ブランドを形成するためには必要な条件がありまして、それは一言で言えば品質の均一化です。産地ブランドを確立するためには少数の篤農家が少量の優良品を生産しているだけでは市場で評価されません。一定の品質の商品をある程度のロット、出荷量単位で安定供給しなければなりません。そのためには一部篤農家だけでなく、周囲の一般農家の技術水準を上げなければならない。そのために試験場や普及所が農事研究会と連携することになりました。また品種も統一する必要がありまして、伊豆地方には独自品種の開発に熱心な篤農家が多く、統一は難航するのですが、これも試験場主催の品評会を実施することで、当時は「宮川早生」という品種に徐々に統一を進めていくということがありました。

また昭和30年代にミカン作で重視された技術に「摘果」というものがあります。これは大きな実をつけるために、ある程度の数の実を摘んでしまうことをいうものです。こうすることで大きな実をつけることができるようになりますし、本来ミカンは隔年結果と言いまして1年周期で豊作・不作を繰り返す傾向にあることから、摘果によって毎年の収穫量を安定させ、経営を安定させることができるようになります。普及所はこの摘果を推進することで品質の向上と経営の安定を目指したのですが、地元農家のなかには摘果を「もったいない」と、渋る人々が多かったそうです。それでも諦めずに試験場と普及所は地元農事研究会に対して説得を続け、農事研究会ぐるみで摘果技術を普及することに成功しました。これはたまたま自然育成では不作になる年に、缶詰向けのミカン需要が増加し、摘果に協力した農家の所得が増加したという

コラム3－2　農業の6次産業化

1次産業、2次産業という言葉をご存知ですか？　1次産業とは農林水産業、2次産業は製造業、そして3次産業をサービス業とする産業区分があります。ペティ＝クラークの法則というものがありますが、経済成長にともなって国の産業の中心が第1次⇒第2次⇒第3次へと推移してゆくことを経験的に指摘するものです。この考え方は農業が構造的な衰退産業であるというイメージの一因になっていると思います。こうしたなかで今日「農業の6次産業化」という言葉が聞かれるようになりました。農産物をただ生産する（第1次）だけでなく、加工し（第2次）、自ら流通に関与する（第3次）ことで、より収益率の高い農業を目指そうという考え方です。具体的な事例を紹介しましょう。

神奈川県伊勢原市に市内初の農業生産法人として、「株式会社ファームいせはら」が設立されました。設立者の仲西栄治さんは元JA 職員ですが、現在は機械加工部品工場の経営者でもあります。仲西さんは市内の遊休農地の有効利用の方法を考えた結果、地元の特産であった自然薯の栽培に取組み、製品化に成功しました。現在借地で 1.5ha ほどの経営を行なっています。

実はこの自然薯栽培に町工場の知恵が活かされたことがあったそうです。自然薯は生で皮ごとスリおろすことで良好な風味が得られますが、大量に生産する場合、土壌菌の付着による衛生問題が懸念材料になります。仲西さんは試行錯誤の結果、機械洗浄用の技術で、オゾン、電解水などを用いて、安全に自然薯を洗浄することに成功したのだそうです。まさに農業・工業の融合ですね。さらに流通に関しても社員として営業担当を2名雇用し、JA だけでなく、スーパーマーケットから近隣の旅館・ホテルや食堂などに個別の営業を展開しています。またネット販売に参入することで流通についても積極的な展開を行なっています。

仲西さんの希望は「若い人たちに、農業はやり方次第でチャンスがある産業だと思ってもらえるような企業を作ること」なのだそうです。

ような幸運もあったそうですが。

　近年では甘味の多い静岡や和歌山、愛媛のような産地との競合は難しくなりましたが、高度成長期には神奈川ミカンもそれなりのブランド形成に成功したと評価できると思いますし、その背景には公的機関である試験場や普及所が大きな役割を果たしたと言えると思います。近年ではＩＴ化の進行で農産物の取引ロットが小さくなりましたので、ブランドを形成するための取引単位は当時より少なくなりましたし、農業技術についても、これを知的所有権の対象として保護しようとする傾向が一般的です。たしかに今日ではそうした活動に重要性があることは事実だと思いますが、凶作を防止するための防除技術や、増産技術などを中心に、農業技術というものには、本来「公共的」な内容のものも含まれているという点はおさえておいていただきたいと思います。

選択的拡大か？　複合経営か？

　さきほども申しましたように、高度成長期の農業政策の基軸となったのは農業基本法であります。農業基本法の旗印は「選択的拡大」といいまして、それは米作を中心とする食糧増産的農業から、畜産や果樹といった付加価値率の高い品目への転換を促すものでありました。その背景には段階的な貿易自由化をにらんで日本農業の競争力を強化したいという思惑がありました。こうしたなかで国内農村でも基本法農政の方針を汲む形でいくつかの試みが行なわれまし

写真左：株式会社ファームいせはら代表の仲西さん（右から２人目）。
写真右：村内の耕作放棄農地を集積して自然薯栽培に取り組んでいる。

た。ここでは2つの事例を紹介します。

ひとつは共同（協同）経営の取組みです。農業の競争力を強化するためには経営基盤を強化しなければならない。経営基盤強化とはひとことで言えば大規模化なのですが、一部の農家の大規模化は他の農家の淘汰を意味します。当時基本法農政が多くの農家を切り捨てる「三割農政」と批判を浴びたこともあり、打開策のひとつとして考えられたのが複数の農家が団結して大規模経営を実現する「共同化」でした。農業基本法でもこうした共同化の推進が明記されています。ですから１９６０年代には日本全国でいくつかの共同経営の取組みが行なわれました。その最も著名なもののひとつが、さきほどもお話ししました茨城県稲敷郡大須賀村（現稲敷市）に建設された、新利根開拓農業協同組合の取り組みです。ここは戦後「満州」から帰国した人々が戦後開拓入植で築いた集落なのですが、武者小路実篤の「新しき村」の経験者でもある上野満という指導者のもとで、15戸の農家が経営を共同化して水稲作と酪農経営からなる「水田酪農経営」（後に養豚部門も導入）を実施しました。上野氏らによる共同経営の試みは建設当初は資金難に苦しみましたが、政府の農業近代化資金の長期融資を受けることによって経営を軌道に乗せ、１９６０年代の間は国内有数の共同経営の成功事例として知られることになりました。この共同経営は１９７０年代まで続くのですが、その後共同経営を解消して個人経営に移行しました。解消の原因はいくつかありまして、ひとつは地理的に水田地帯の真ん中にある酪農経営での規模拡大が当初の15戸分の農地以外になかなか広がらなかったこと。水田酪農とは、稲作の裏作で乳牛の飼料を栽培することが前提となっていますが、自給飼料への執着が規模拡大の制約になったとも考えられます。そしてもうひとつは後継者問題でした。共同経営は水稲部門、機械部門、酪農部門などに分業を行ないながら共同経営を実施したわけですが、設立当初の第一世代ではそれが合意されていても、息子達の第2世代になるとその役割分担の継承を巡って共同経営の世代継承の意見調整が難航したと言われています。共同経営は経営の法人化を行なわずに、あくまで自作農の集合体の形式を取りましたので共同経営そのものの存続に第2世代が同意しなかったことにより、最終的に共同経営が解消されることになったのです。最終的に新利根開拓農協の共同経営は解消することになりましたが、こうした取組みは、現在も実施されている集落営農や農業法人化を推進するうえでの貴重な事例を提供していると思います。

もうひとつの事例は「複合経営」です。つまり「選択的拡大」といっても米作を離れて畜産なら畜産、果樹なら果樹の単一作目を選び、それを大規模化するのか、それとも米作をあくま

写真左：岩手県紫波町遠景。南部杜氏の里として酒造出稼ぎが盛んな地域でした。　写真右：複合経営への取組みの結果、和牛のブランド化などに成果を上げています。

で機軸としつつ、プラスアルファという形でひとつないし二つの作目を導入する「複合経営」を選択するべきなのか。単一作の大規模化メリットを重視する論者と、単一作を選択することのリスク回避を重視する「複合経営」を支持する論者で当時論争が起こったほどでした。

こうしたなかで実際に早くから国内で複合経営を導入した事例として岩手県の志和農協の取組み事例を知ることができます。岩手県志和地区（現紫波町）は古来「南部杜氏の里」として知られ、成人男性の多くが冬季出稼ぎにいそしんでいました。「出稼ぎ」は東北地方の貧しさの象徴として認知されており、冬の間、夫や父親が村にいないことが地域社会に不安定要素をもたらしているという議論もありました。こうした状況に対して志和地区では農協が主体となって「出稼ぎのない村」を目指した経営改善運動が展開されました。それはあくまで経営の主体は米作としながらも、冬季に男性が取り組むことのできる新たな作目、和牛の飼育であったり、シイタケやキュウリなどの蔬菜作を指導し、村に定着させようとしたのです。単一作目を選択的に拡大するだけでは農業分野は非常にリスクの高い側面がある。台風のような自然災害もありますし、鳥インフルエンザのような病疫の問題もあります。これは個別の経営努力で回避することが難しい点に難しさがあるのです。ですから戦後の日本の農家の多くは、単一作目に特化するよりも複数の作目を複合的に栽培してリスク回避を目指したということができるでしょう。

話を志和地区に戻しますと、この「出稼ぎのない村」作り運動は、当初の予想を超えた結末を村にもたらしました。和牛やシイタケなどの複合作物は村に根付いたものの、肝心の冬季出稼ぎは減少しなかったのです。酒造杜氏という仕事が単なる出稼ぎというには専門性の高く、所得にも恵まれた仕事であったという点があるのかもしれません。では複合部門は誰が担ったのかというと、農家女性、つまり農家の奥様方が担い手として成長したのです。出稼ぎはなくならず、農家女性の仕事量は増加して、一時的には紫波町の女性の貧血率が上がるというような問題も生じましたが、同地の農家の所得が向上したこともいえるわけです。この村のケースはさまざまに特殊な事情をはらんでいたとしても、農家に対して一般製造業と同じ感覚で「選択と集中」を強いるということが、非常にリスクの高いことなんだということは理解して頂きたいと思います。

4　農業貿易自由化問題と21世紀の日本農業

GATTからWTO、そしてTPPへ

さて、古い話ばかりで歴史に関心の低い方は退屈されたと思いますので、最後に現代的な話題を少しして終りたいと思います。話題は農産物貿易自由化問題についてです。私は歴史研究者であって、現状の自由化交渉についての専門家ではありませんが、学部のゼミ生たちと一緒に勉強したことについて、初歩的な話ですが紹介させて頂きたいと思います。

日本の農産物貿易自由化は、戦後段階的に実施されてきたのですが、問題が非常に深刻化したのは１９８０年代、日米貿易摩擦問題が深刻化するなかで実施されたＧＡＴＴウルグアイ・ラウンド（１９８６〜９４年）からのことです。この交渉の過程で日本は１９９１年に牛肉・オレンジの輸入自由化を受け入れ、米に関しては当初関税化を拒否する代わりにミニマム・アクセスを国内消費量の３％〜５％を受け入れるという形で決着しましたが、細川政権がこの数量を４％〜８％に改訂した結果、結局米についても１９９９年に全量関税化されることになりました。このミニマム・アクセスというのは非常にわかりにくいもので、通常ですと「最低輸入機会」でありまして、低関税で輸入の機会を開いてそれを買うかどうかは自由という建前のはずですが、どうも政府レベルでは「最低輸入義務」と読み替えて、無理やり全量を輸入して

コラム３－３　TPPとはなにか？

本コラム執筆時点の2011年11月には、農産物自由化問題は、すっかりTPP問題に置き換わってしまった印象があります。TPP（Trans-Pacific Partnership：環太平洋連携協定）は、アメリカに加え、太平洋沿岸諸国（シンガポール、ブルネイ、チリ、ニュージーランド、オーストラリア、ベトナム、マレーシア、ペルー）など、現状では９カ国から形成されるEPA（経済連携協定）の一種です。参加国内では原則として関税自主権が放棄され、工業製品、農産物に限らずサービス（労働・医療、流通など）についても全品目の関税を10年以内に放棄することが原則とされています。

コラム執筆時点では個別の交渉要件に関する情報が少なく、軽々に賛成反対を述べることは控えたいのですが、いくつかの懸念があります。なかでもTPP固有の問題としてあげられるのは、そもそもTPPは「自由化問題」と呼べるのか、という点です。

私は食糧問題に対して純粋な自由貿易主義の立場を取ることに懐疑的な立場を取っていますが、仮に自由貿易主義の立場に立った場合、FTAやEPA、TPPは少数の国でグループを作ってそのなかで低関税圏を構築する内容を持っています。TPP推進の立場から言えば、これは一時的な状態であり、将来的には参加国の増加によって自由貿易圏が拡大することが期待されているのだと思います。しかしそれが上手くゆかなかった場合、TPPをはじめとするEPAは世界中に排他的な貿易ブロック、つまり「ブロック経済」を形成してしまうことが懸念されます。

現在のTPPは、日本最大の貿易相手国である中国を排除することが前提になっているように思われます。政治的日米同盟強化論に引きずられて、経済政策が対中包囲網のごときTPP交渉に突入してゆくことが、果たして経済学的に正当化されるのか、あるいは日本経済に長期的な利益をもたらすのか。今後の議論の時間がどの程度残されているのか不明ですが、注目してゆく必要があると思います。

いる。これによって無理に輸入した米が２００８年に事故米不正転売事件として世上を騒がす事件となったことは比較的記憶に新しいと思います。

その後２００１年にはＷＴＯドーハ・ラウンドが開始されます。この交渉では関税化された農産物の引き下げと、農業保護的な政策の縮小が議論されました。当時の日本の農産物の平均関税率は約11％であり、国際的にみて決して低いものではありませんでした（ＥＵが19％、アメリカが５・５％）が、米をはじめとする高関税品目が依然として存在していました。日本としてはこれら食糧自給率に関わる品目の一部を非貿易的関心事項に基づく重要品目として位置付け、この重要品目の数と機械的な最高関税率の適用を拒絶する形で交渉を続けてきました。確かに国内農産物のなかには米の関税率（７００％超）はともかくコンニャクイモ（１７００％超）だとか、えんどう豆（１０８５％）などのように引き下げ交渉の余地のある高関税品目がありましたから、交渉の余地は残されていたように思います。

さらにドーハ・ラウンドでは国内の農業補助的政策をそれぞれ緑・青・黄・赤の色別に分類し、赤は禁止、黄色は縮小、青は将来における交渉、緑は維持承認という形で議論する枠組みを作りました。そして黄色にあたる生産刺激的国内助成を20％切り下げる方向で議論が進められていました。これについては、日本ではある程度順調に進んでいました。実は70年代に導入された米の生産調整（減反）の伴う補助金は国内でも非常に悪評高いものですが、これが長年維持されてきたのは、この補助金が生産刺激的ではない、つまり緑の政策と位置づけられてＷ

ＴＯルールでは問題にされなかったことが大きいと思います。ちなみに民主党内閣のマニフェストで話題になった農家への戸別所得補償制度については、それが青色の政策であるか黄色の政策であるかが議論になりましたが、仮に黄色であると判定されればその使用総額が制限されることになります。

しかしこのドーハ・ラウンドは農業製品だけでなく工業製品においても、先進国と途上国、食糧輸出国と輸入国との間の溝が埋まらず、２００８年に事実上決裂してしまいました。その後、各国は包括的なＷＴＯ交渉を避け、２国、あるいは少数国間でのＦＴＡ（自由貿易協定）やＥＰＡ（経済連携協定）に走るようになりました。２０１１年話題となっているＴＰＰもこうした動きの延長線上に存在します。

世界農業の持続性

国民国家は自国の食糧需要について（物理的に可能であるならば）一定の自給率を維持する責任があります。しかし自由貿易主義的な立場からは、食糧供給の安定は自由貿易によってこそ確保されるという考え方もあります。多くの国と貿易の回路を開いておいて、輸入の可能性を拡げておくことが真の意味での供給安定化につながるという考え方です。この考え方には一理ありますが、現実問題としては、世界の食糧事情についての長期的な展望を踏まえておく必要があると思います。たとえば２００７年から２００８年にかけて世界の穀物価格相場が急騰したことがありました。その原因はバイオエタノール原料向けの穀物生産が活発化したため、投機的な資金が穀物市場に流入し、価格高騰を招いたということでした。

穀物市場に資金が流入すること自体を批判することはできないでしょうが、このとき小麦のほとんどを輸入に依存している日本の食品業界はちょっとしたパニックに陥りました。米粉製品が流行ったのはこの時ですね。この騒動は比較的短期間で収束しましたが、バイオ燃料に限らず、近年ＢＲＩＣＳ諸国をはじめとする新興国の成長にともない、世界的な食糧需要は増加の一途を辿っています。それに対して小麦の世界的輸出国であるオーストラリアでは２００６年、２００７年と大規模な旱魃が発生しており、２０１０年にはロシアで旱魃が起こりました。一方で地下水くみ上げ型のアメリカ農業の持続可能性を危ぶむ声もあります。軽はずみに危機を煽りたくはありませんが、世界の食糧需給は楽観を許す状態にはないのです。

そしてＷＴＯだろうがＴＰＰだろうが、どれだけ貿易自由化を進めても、食糧難の時期に、自国民の食糧を犠牲にして、他国に食糧を売ってくれる国はありません。輸出国側の立場に立てばそれは当然のことだと思います。ですから輸出国の輸出禁止措置を認めることは当然としても、輸入国に自給率維持のための政策措置を禁ずるというのは不均衡でアンフェアの要求だと考えるべきです。ですから多数の国からの輸入の回路を開いておくという自由貿易主義的食糧供給論の根幹は認めますが、輸出国の禁輸措置を認めたうえで、国内で一定の自給率を維持しておくこととを両立する途をＷＴＯ交渉、ＴＰＰ交渉では粘り強く追求すべきだと思います。こうした考え方こそが本来のフェアネスの精神に則るものであると、私は考えます。

「勝てる農業」と食糧自給率論

農産物自由化交渉に対して、やや慎重な意見を述べましたが、現在の日本農業に何の改革も必要ないかと言えば、そうではありません。農地の集約化や農業の法人化の推進などは当然必要だと思いますし、戦後農地改革の理念に反する形で戦後大量の農地が宅地転用されてしまったことに、私も複雑な気持ちを抱いています。コラムに掲載したような、意欲ある農業者の経営的自立を促す政策は今後とも積極的に推進すべきだと思います。ただ農業の構造改革が、食糧政策上の要請と一致するかどうかは、やはり難しいところです。たとえ話ですが、現在の医療分野において、産婦人科医や外科医のなり手が減少しているという話があります。その一方で美容整形外科医や眼科医などは増加している。医療の場合は少子化や訴訟リスクの要因が入りますので農業とは異なる点もありますが、「もうかる医療」だけを追求した結果が、一部の医師の分野に偏りをもたらしているのと同様、単純に「もうかる作物」だけを農家が選択してゆけば、現状では畜産や果樹、蔬菜などが選択の中心になってゆくと思います。

図4には戦後日本の食糧自給率についてのデータを掲載しました。よく話題に上る指標はカロリーベースによるもので、1960年に約80%あった自給率が今日40%にまで落ち込んでいます。この食糧自給率を巡る議論で、農林省が公開しているカロリーベースによる自給率論は

図4　日本の食糧自給率

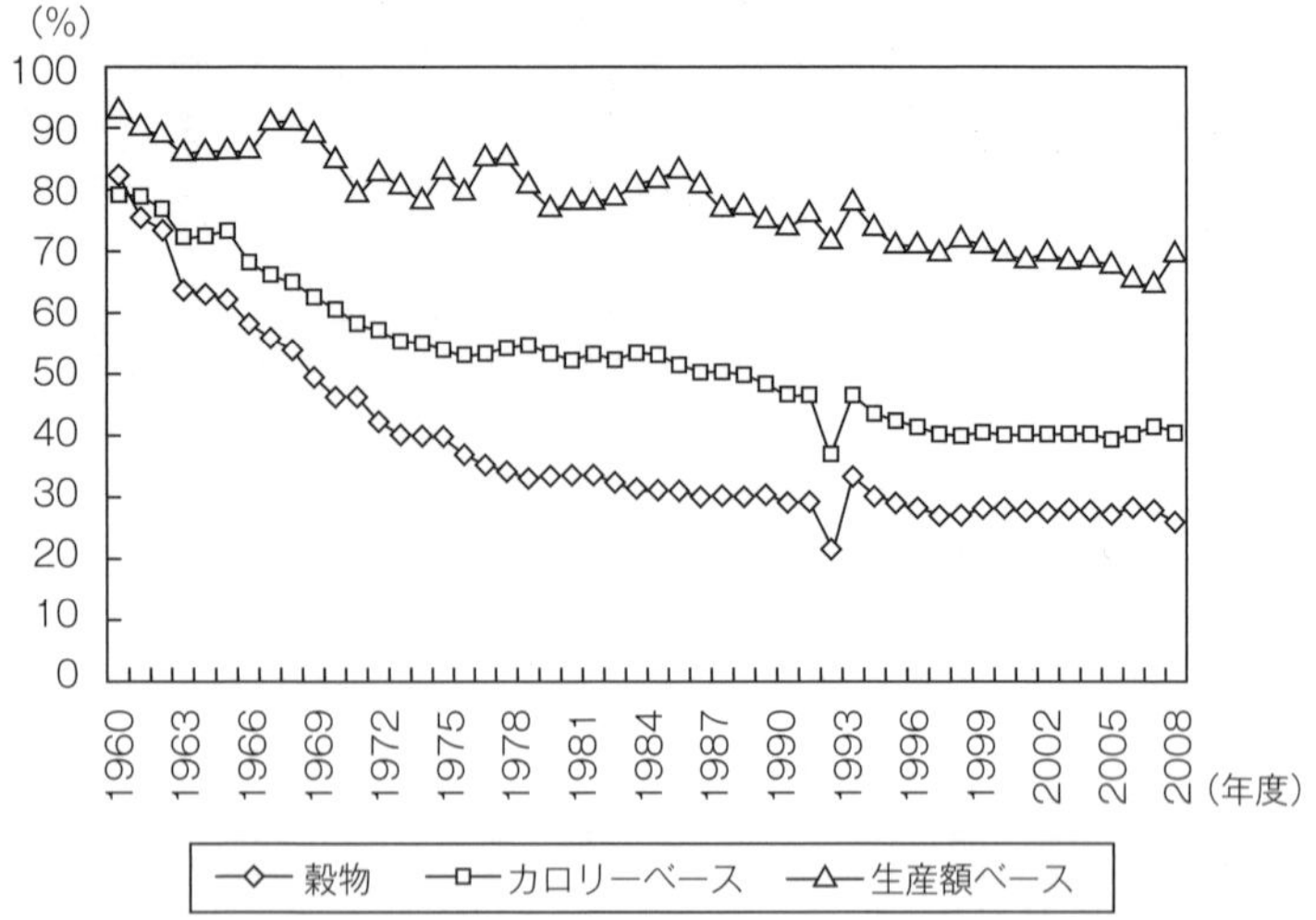

資料：農林水産省『食糧需給表』より作成。

ナンセンスであり、価格ベースでは日本の農業自給率は高いのだという議論がなされることがあります。たしかにグラフからも価格ベースの自給率は70％近い水準を維持しています。しかし価格ベースを品目別にみた時に比率が大きいのは畜産、野菜、魚介類です。畜産物と野菜で食生活が成り立つわけではないですし、魚介は必ずしも日本沿岸で獲れるものだけとは限りません。さらに問題なのは畜産物のエサ、飼料についてはほとんどが輸入に依存しており、国内の自給率がゼロに近いという点です。飼料まで含んだ穀物自給率はカロリーベースよりもさらに低い30％を割っているのです。ですから価格自給率の柱ともいえる畜産物は、自給ができているとは言えない状態なのです。そもそも価格ベースは円高になれば国内農産物が高価格にカウントされてしまいますから、その意味でも自給率指標としては問題があります。カロリーベースにも問題点はあり、特に国際比較には向かない指標だと思いますが、国民に食糧を供給するという観点からすると、一定の妥当性のある指標だと思います。どちらかといえば価格ベースでの議論の方に問題があるというべきでしょう。

「勝てる農業」、「もうかる農業」の追求は必要です。しかしそれだけで食糧政策が成立する可能性は低いとみています。私としてはＷＴＯ交渉で認められてきた「重要品目」の関税上限免除措置が必要だと思っていますが、今後のＴＰＰ交渉でそれが認められないとすれば、穀物生産農家に対する個別補償の強化といった財政的措置が必要になるだろうと考えています。

5　おわりに

以上お話ししてきた内容について、結論を４点にまとめたいと思います。①戦後の農地所有の私的所有は歴史的に考えると万能なものではありえないということです。日本社会において農地所有の正統性は用益によって担保されてきたわけで、この理念は今後も維持されるべきです。②戦後農政にはそれなりの功績があって、高度成長のさなかにあって都市と農村の格差を最小限に抑制することに成功したこと。これは近年の新興国の状況と比較して明らかであり、それ自体は正当に評価されるべきだと思います。③担い手不在の農業政策論は空疎であるということ。あくまで農業政策は担い手の議論からスタートする必要があります。ただ現在の農業がこのままで良いと言っているわけではありません。新規参入を含めて、若者にとって魅力ある業界であって欲しいと思います。④農業経営の改革と食糧問題は必ずしも同一ではないということ。「勝つ農業」、「もうかる農業」の追求と食糧政策の安定は必ずしも同一線上にはありません。農業経営の成長と、食糧の安定供給は両立の難しい二つの課題ですが、その両者は両立させなければならない課題であるということ。以上です。ご清聴ありがとうございました。

〈参考文献〉

遠藤保雄著（2004）『戦後国際農業交渉の史的考察・関税交渉から農政改革交渉への展開と社会経済的意義』御茶の水書房
暉峻衆三（2003）『日本の農業150年』有斐閣
拙稿（2009）「戦時・戦後の食糧供出制度と農地改革」一橋大学博士学位論文
田代洋一（2004）『WTOと日本農業』筑波書房
西田美昭・加瀬和俊編（2000）『高度経済成長期の農業問題』日本経済評論社
森武麿編（2009）『1950年代と地域社会』現代史料出版

第4章　変わる「日本的経営」と雇用・賃金・労使関係

兵頭淳史

1　はじめに

２０００年代末から今日にかけて、日本経済に衝撃と混迷をもたらす大事件がうち続いて起こっています。リーマン・ショックを引き金とする世界的な金融危機とその後の深刻な不況、未曾有の被害をもたらした東日本大震災、さらに続く史上空前の円高など……。こうした一連の出来事の生起に伴い、給料や賃金によって生活するサラリーマン・労働者の仕事や暮らしにも深刻な不安や困難が生じています。

しかし雇用労働者の直面する不安や困難は、一連の危機やショックの結果として偶発的にもたらされたというよりは、実はそれまでにも存在していた矛盾がこれらの出来事を契機に顕在化した結果にすぎないと見ることができます。確かに、２０１１年初頭、東日本大震災前の日本経済は、リーマン・ショック後に大きく下落したアメリカの株価の回復に引きずられる形で株価が大幅上昇し、財界関係者からも景気上向きの楽観的な見通しが示される、といった好材料が揃うなかで幕を開けました。数値の上でも、2010年7~9月期の成長率は実質で1・1%、名目でも0・6%と、景気は緩やかな回復基調にあり、この動向は2011年も継続するとした予測が、各種シンクタンクによって立てられていました。

ところが、こうした一見好調な経済情勢の下にあっても、労働者家計は「景気回復」をなかなか実感できてはいませんでした。その重要な原因として、例えば雇用情勢の厳しさを指摘することができます。すなわち、この年初の段階でも完全失業者は340万人、失業率も5%を超える歴史的な高水準を維持しており、有効求人倍率は2010年11月段階で0・57、正社員の求人に限定すれば0・36という状況にありました。また、失業者の中でも世帯主失業者が85万人に上り、会社都合等で職を失った離職者も136万人と、戦後最悪の失業率を記録した2002年とほぼ同水準にまで達します。さらに失業給付を受給していない失業者が77%にも上るなど、失業のありよう自体が深刻さを増している状況を見てとることができました。

しかし失業率や求人倍率といった短期的な指標以上に重大な意味をもっていたのが、「日本的経営」の変容といった言葉で表現される、雇用労働をめぐる一連の構造転換でした。かつて日本経済が石油危機後の不況をいち早く脱して、「安定成長」さらには「バブル景気」といった好パフォーマンスを謳歌していた頃、「日本的経営」がそうした成長力や競争力の源泉であると言われていました。この「日本的経営」という概念は、広義には株式の持ち合いやメインバンクシステムのような企業統治や資本調達の仕組みに関わる要素を含む意味で使われることもありましたが、より一般的には、「年功賃金」「終身雇用」「企業別労働組合」という三つの要素（いわゆる「三種の神器」）からなる、主に労務管理・労使関係面に着目した企業システムのあり方を意味する概念として流通していました。このシステムの下で、学校教育終了後の男性を中心とする、雇用労働者の主流を形成する人々は、長時間のハードワークと企業への忠誠を求められる一方で、安定した構造の中で年金受給年齢まで職業生活を全うし、専ら賃金収入によって自らと家族の生計を営むことが可能である、という暗黙の共通了解が存在していたわけです。

ところがバブル崩壊の後、雇用と賃金をめぐるそうした構造には大きな変化が生じました。今日、働く人々をとりまいている困難や不安は、「日本的経営」をめぐるそのような構造変化と深く関係しています。本章では、日本における雇用労働の世界に生じた構造転換の特徴と背景を考察し、それがもたらした厳しい状況を乗り越えるために必要な視点についても考えてみたいと思います。

2 『新時代の「日本的経営」』と雇用構造の変化

日本型雇用システムの内実

前述したように、「終身雇用」「年功賃金」「企業別労働組合」という、日本企業における労務管理・労使関係に関する三つの要素は、三種の神器とよばれ、「日本的経営」の核心を構成するシステムとされてきました。しかしそのなかでも、労働組合のあり方については、それが企業内における協調的秩序や企業としての一体性を維持するのに貢献しているという面で注目されていました。つまり、逆説的な言い方になりますが、それが労働組合として積極的に存在感を示すものではないという点が重要視されていたと言えます。それに対して前二者は、働く人々の生活に、目に見やすい形で日々関わってくるものだったと言えるでしょう。そうしたことから、この三種の神器のなかでもとくに終身雇用と年功賃金は、日本型雇用システムの基軸をなすものとして、日本の企業における働き方を、そして日本企業と日本経済の競争力の源泉をシンボリックに表現する概念であり続けてきました。

しかし、終身雇用にせよ年功賃金にせよ、そうした言葉に私たちが仮託してきた雇用や賃金をめぐるイメージには、しばしば実態との乖離が存在していたことには注意が必要です。例えば終身雇用についてみれば、日本の企業は、高度成長期からバブル景気の時期にかけても、経営陣が必要と判断したときには人員整理を断行してきましたし、そうした事例のなかには、整理解雇に限りなく近い「希望退職募集」から、文字通りの指名解雇が行われた事例まで存在します（高橋 １９９０、野村 １９９４）。

賃金制度の面では、実は早くも１９６０年代から公然と「能力主義管理」が導入され、職務遂行能力を基準とする賃金決定方式と、それと不可分な制度としての全階層にわたる労働者に対する多面的な人事査定が賃金・人事管理制度の中核に位置してきました。そうした制度が導入され定着してゆくことにより、年功賃金カーブは、人事査定の結果によって、より垂直に近いものからフラットに近いものまで、労働者の数だけさまざまに分布するものとなっていたのです。さらに、企業の一人前のメンバーとはみなされなかった女性労働者に対してはもちろん、男性であっても、労働組合内の左派活動家、あるいは少数派労組の組合員に対しては、勤続・年齢による昇給や職能資格の上昇は査定によって厳しく抑制され、より「寝た」形の賃金カーブが適用されました。また小企業・零細企業の労働者の賃金もまた、年功的性格のきわめて薄いものでした（下山 １９９３）。

こうしたことから、終身雇用や年功賃金は、日本企業での働き方を示す現実そのものであったというよりは、規範あるいは理念という方が適切であったと言えます。とはいえ、そのような規範や理念が存在したことの意味は決して小さなものではありません。主婦パートや学生アルバイト、季節的・臨時的業務に従事する一部の労働者などを除いて、同一企業で働くほぼ全ての従業員は、一括して企業の正式なメンバーとして遇されるという建前と併せて、そうした規範が存在したということが、少なくとも大企業・中堅企業の男性を中心とする労働者とその家族にとって、生計費や生活の安定をある程度保障する役割を果たしてきたことも見逃せない事実でした。

神器のゆくえ

ところが、1990年代、バブル崩壊後の経済社会情勢の転変のなかで、この日本型雇用システムをとりまく言説的状況は大きく変わっていきます。終身雇用や年功賃金は、日本企業・日本経済の「強さの源」ではなく、日本経済の停滞からの脱出を阻害する桎梏として「もはや過去のもの」と言われるようになったのです。

90年代におけるこのような変化の流れを決定づけたのが、95年に、当時の「財界四団体」のなかでもとくに労務管理・労働政策を担当する組織であった日本経営者団体連盟（日経連）が『新時代の「日本的経営」』と銘打った文書を発表したこと、とくにその中で「雇用ポートフォリオ」という理念が打ち出されたことでした。この理念は、図1のような概念図で示されるものでしたが、これは、従来のように全ての労働者を企業のフルメンバーとして、一括して日本型雇用システムの下で処遇するという建前が放棄され、企業は従業員集団を大きく「長期蓄積能力活用型」、「高度専門能力活用型」、「雇用柔軟型」という三つのグループに分けて処遇

図1　雇用ポートフォリオの概念図

(1)　企業・従業員の雇用・勤続に対する関係

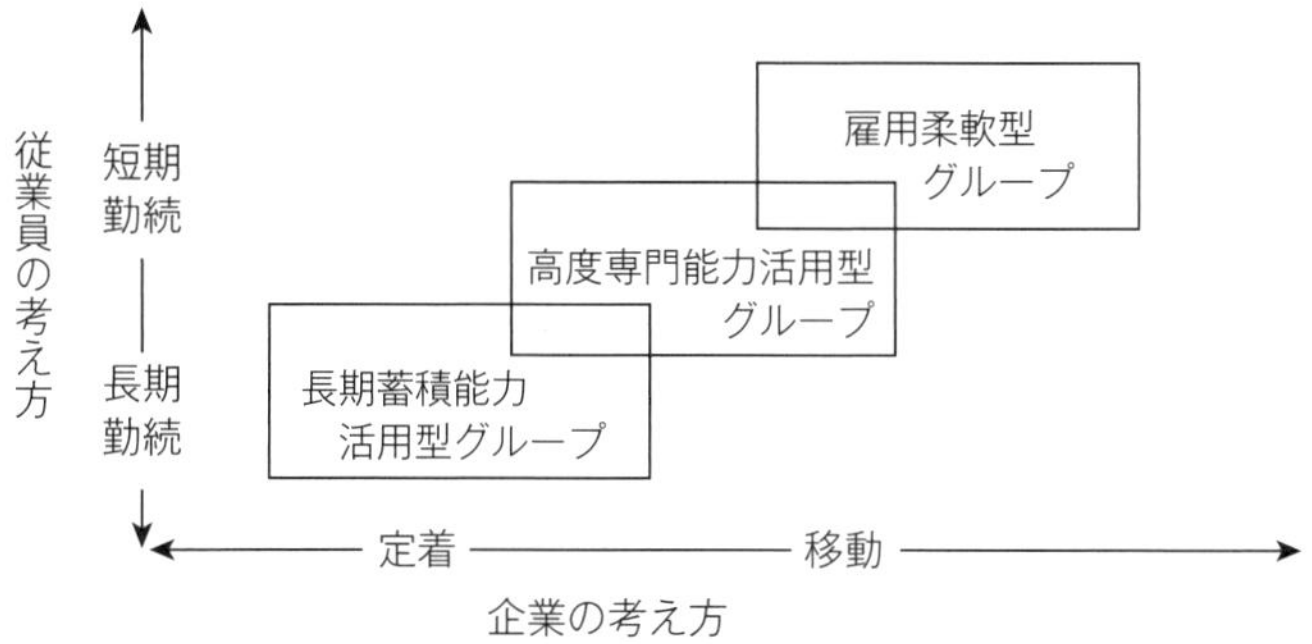

注：(1) 雇用形態の典型的な分類。
　　(2) 各グループの移動は可能。

(2)　グループ別にみた処遇の内容

	雇用形態	対象	賃金	賞与	退職金・年金	昇進・昇格	福祉施策
長期蓄積能力活用型グループ	期間の定めのない雇用契約	管理職・総合職技能部門の基幹職	月給制か年俸制職能給制度	定率＋業績スライド	ポイント制	役職昇進職能資格昇格	生涯総合施策
高度専門能力活用型グループ	有期雇用契約	専門部門（企画・研究開発等）	年俸制業績給昇格なし	成果配分	なし	業績評価	生活援護施策
雇用柔軟型グループ	有期雇用契約	一般職 技能部門 販売部門	時間給制 職務給 昇級なし	定率	なし	上位職務への転換	生活援護施策

図２　学卒後すぐに就職した企業に勤め続けている雇用者の割合

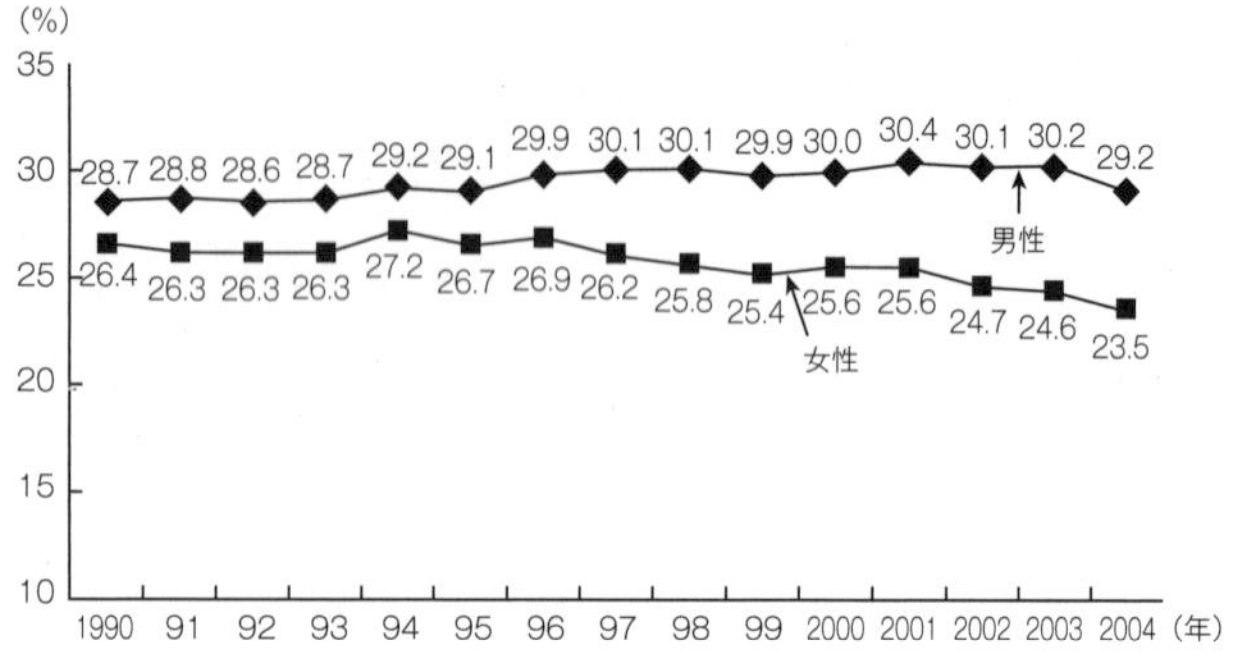

出所：内閣府『国民生活白書』2006年版。

図３　長期雇用者の割合

(1)　男性

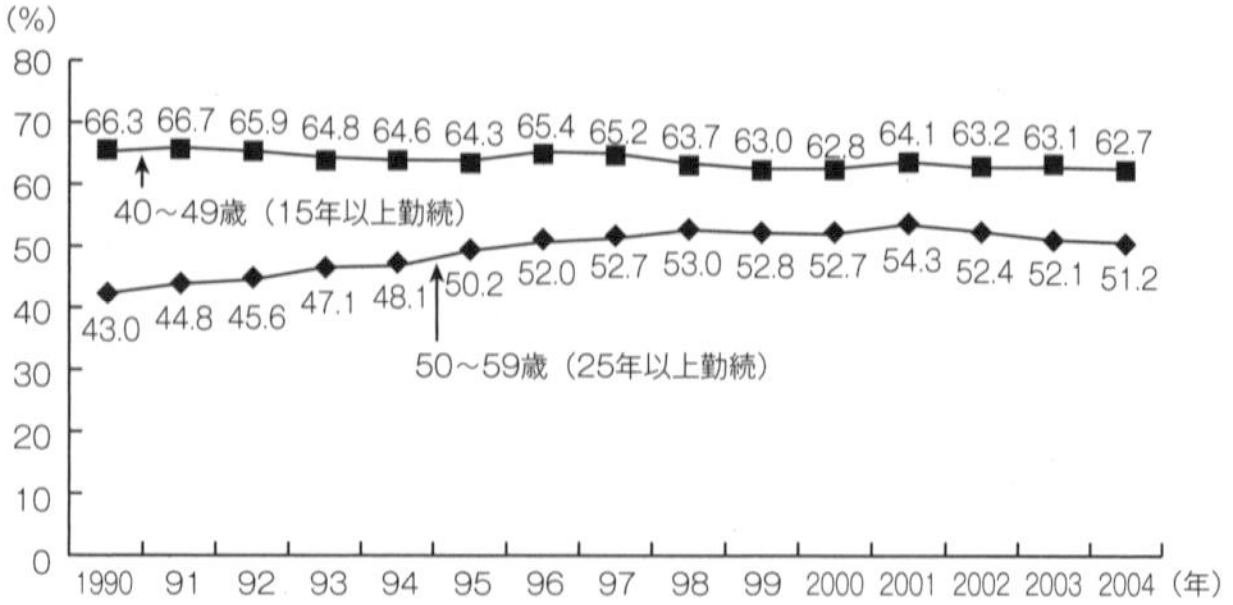

(2)　女性

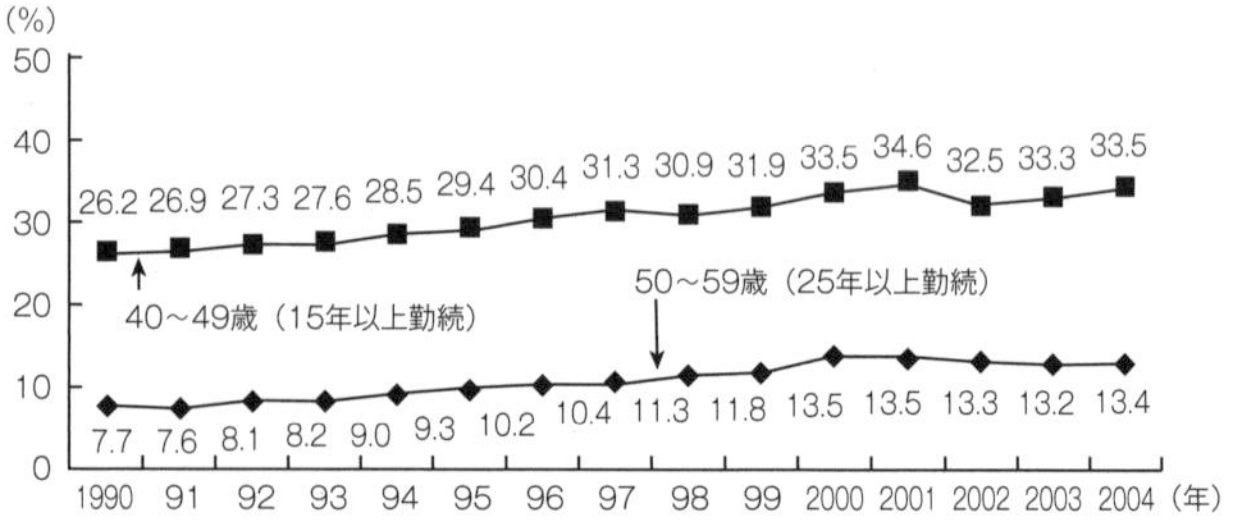

出所：内閣府『国民生活白書』2006年版。

図4　男性標準労働者（大卒）賃金カーブの推移

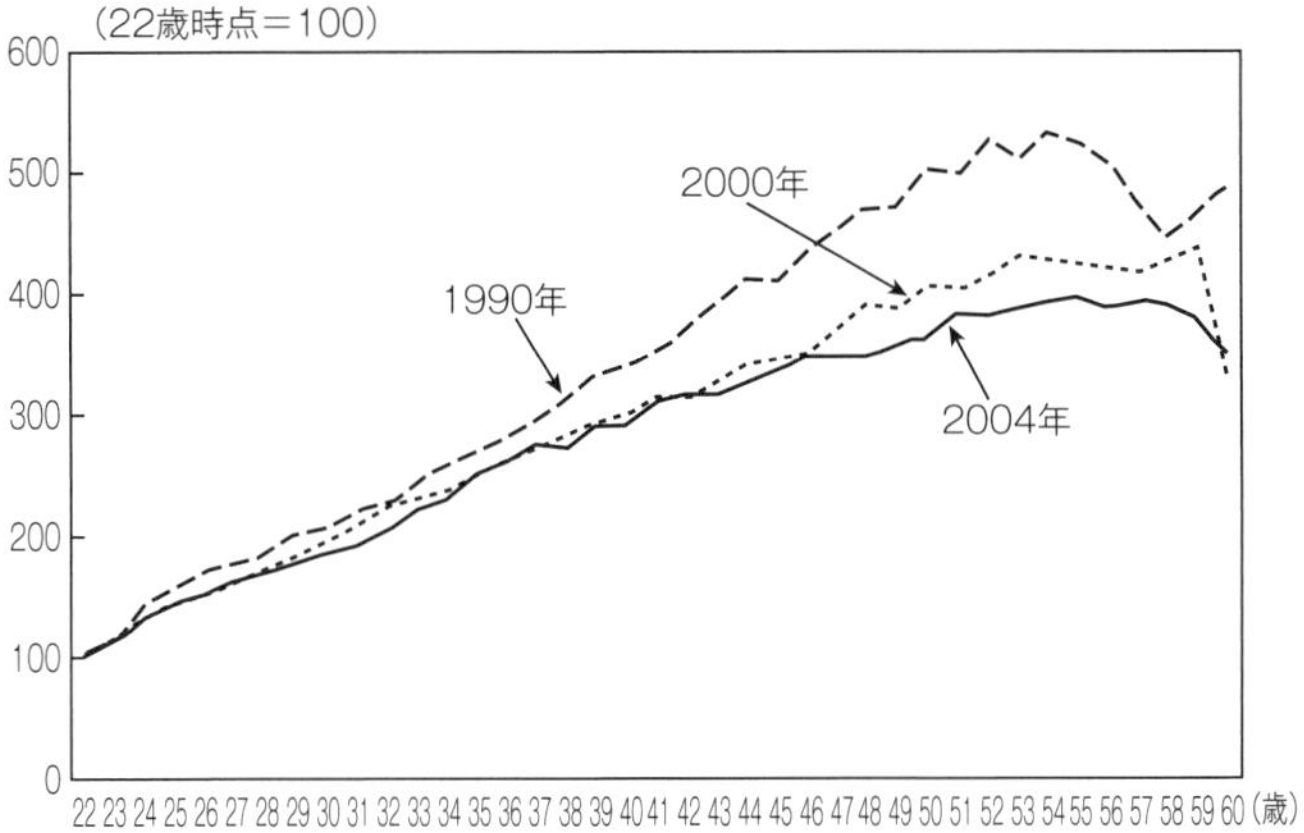

出所：厚生労働省『労働経済白書』2005年版。

する、そして、長期雇用や定期昇給はこのうち第一番目のグループに対してのみ適用される特典とする、という労務管理方針を打ち出すものでした。

それでは、こうした財界による労務政策の展開によって終身雇用や年功賃金は「崩壊」したのでしょうか。実は図2および図3を見てもわかるように、実は正社員の長期雇用の傾向は、少なくとも男性については大きく変わったわけではありません。というより、その傾向はむしろ微妙ながら強まっているとさえみることができます。

「年功賃金」についてはどうでしょうか。図4は、やはり男性正社員（高卒）の年齢上昇にともなう賃金カーブがどのように推移してきたかを示すものです。これを見ると、賃金カーブは徐々に「寝た」形になってきているのが見てとれます。つまり、賃金の年功的性格が弱まってきているわけです。しかしそれでも、年功カーブが完全にフラットになったわけではなく、正社員賃金の年功的性格は依然として維持されていると見ることもできます。

フリーター問題からワーキングプア問題へ

ということは結局、『新時代の「日本的経営」』に現れた、90年代の日本の労務管理思想は、「絵に描いた餅」だったのでしょうか。「年功賃金と終身雇用の終焉」という言説は、そのような幻想を生み出しただけで、日本の雇用社会には何の変化も起こしていないのでしょうか。もちろん、そうではありません。雇用ポートフォリオという形に表現された労務管理の考え方は、日本の雇用のあり方に構造的な変化を確実にもたらしました。その一つが、正社員の絞り込みと非正規労働者への置き換えです。

非正規雇用というあり方は、古くは50年代に金属・機械製造業でさかんに活用された「臨時工」にはじまり、その後は60年代から労働市場に本格的に参入してくる主婦パートなど、戦後日本においてもそれなりに長い歴史をもっています。しかし、60年代から80年代にかけて非正規労働の主要部分を占めていた主婦パートは、あくまで家計補助を目的とした労働者とみなされ、生活のかかった労働問題の対象として注目されることはあまりありませんでした。バブル崩壊後の90年代前半には、若年非正規雇用の増大が注目されるようになり、「フリーター」現象としてマスコミや論壇を賑わせるようになりましたが、この段階ではまだ「企業に縛られた生き方より自由を選んだ若者たち」「労働意識の変化がもたらした働き方」といった文脈でもっぱら語られていました。

ところが90年代後半以降、企業による正規の非正規への置き換えが進展することにより、前出の「雇用ポートフォリオ」概念で言えば「雇用柔軟型」にカテゴライズされる労働者が顕著に増加します。この10年間で正社員は1割減少する一方で、非正規労働者の数は2倍となり、全労働者に占める割合は4割に迫るに至りました。

さらに、非正規労働者のなかで、従来的なイメージ通りの主婦パートや学生アルバイトのような家計補助者ではなく、家計の主たる担い手の占める割合も着実に上昇してきました。そして、非正規労働者の少なからぬ部分がそのように「生活のかかった」労働に従事する者となりつつあるにもかかわらず、企業が雇用を非正規労働者へとシフトさせる最大の理由が「人件費の節約」であったことから、その賃金は極端に低い水準にとどめられました。厚生労働省『賃金構造基本統計調査』２００８年版によれば、勤続20年の正社員と非正規労働者の所定内賃金を比較すれば、後者は前者の約半分程度にすぎません。その結果、「ワーキングプア」と呼ばれる年収２００万円未満の労働者の全労働者に占める割合も25％近くになるに至りました。すなわち、非正規労働者の相当部分が、きわめて低賃金かつ不安定な雇用によって生計を立てねばならない貧困層として立ち現われてきたのです。

こうして、２０００年代に入る頃から、非正規労働者の問題は、フリーター問題という、単なる「当世若者気質」的な文脈での語られ方から、働く貧困層「ワーキングプア」の著増という社会問題として可視化されるようになったわけですが、こうした問題の背後にあったものこそ、「雇用ポートフォリオ」に象徴される、日本企業の雇用戦略の新展開に他なりません。また、労働力の非正規化には、企業・財界の雇用戦略のみならず、「労働の規制緩和」とよばれる国家の労働政策もまた大きく寄与しています。98年に有期雇用の規制が緩和され、99年には派遣労働が原則自由化（限定的な禁止職種のみ列挙するネガティブリスト化）されるといった一連の施策が、非正規雇用労働者の活用という流れを確実に後押しすることになったのです。

成果主義下の正社員

しかし、90年代半ば以降の構造転換は、非正規雇用の増大という側面においてのみ起こったわけではありません。正社員をめぐる労務管理のあり方にも、この間重要な変化が訪れました。前述の通り、旧来の日本的経営においても、実は「能力主義」という多面的な人事査定を基軸とする競争的な管理システムが基軸部分に置かれていたわけですが、90年代後半以降は、この能力主義が、「潜在能力」よりも「業績」「顕在能力」重視を謳い、査定の役割をいっそう強め、勤続や年齢に基づく昇給をさらに抑制する「成果主義」へと再編・強化されてきたのです。

成果主義の導入が、前出の『新時代の「日本的経営」』において、「高コスト体質の改善」をめざして総額人件費管理を徹底することを目的としたものであることが明言されていたことから も、成果主義化の帰結として、正社員の働き方がより競争的となり労働強度が増すというこ とのみならず、賃金が抑制ないし削減へと向かうことは必然的だったと言えます。先に確認し たように、統計的に見ても、「年功賃金の崩壊」という表現こそ過大なものであったにせよ、 この間年功賃金カーブは徐々に、しかし確実に寝た形になってくるという変化をこうむってき たわけですが、こうした変化をもたらした重要な原因が、この成果主義であったと言えるで しょう。

そしてこの成果主義下における変化のトレンドは、やがて正社員のあり方や処遇に大きな影を落とすことになります。2000年代後半には「名ばかり正社員」「周辺的正社員」と呼ばれるような、定期昇給やボーナスのない「正社員」が若年層を中心に増殖している傾向や、中間管理職の絞り込みによる中高年労働者の労働条件劣化傾向が報告されるようになります。（竹信 2009）。また『賃金構造基本統計調査』2009年度版によれば、2009年には30歳台後半の男性正社員（大卒）の賃金が2・8％もの切り下げとなったのをはじめとして、ほとんどの年齢階層・学歴で正社員賃金も削減となっています。さらに2010年には、三大都市圏50歳代正社員の年収中央値が500万円を割り込み、年収500万円以下の正社員が過半数を占めるに至ったことが報告されるなど（北見 2011）、正社員の労働条件もいよいよ厳しさをましてくることになったのです。

コラム4－1　正社員と非正規労働者

本書でもたびたび登場する「正社員」という用語ですが、厳密にはおかしな言葉です。「社員」とは法的には会社の「出資者」、すなわち株式会社であれば株主のことを指す言葉だからです。本書でも便宜上「正社員」という表現を使っていますが、より正確な言葉を使えば「正規雇用労働者」と言わなければなりません。

ところが、この「正規雇用」というのも曲者です。何をもって「正規」と「非正規」が分けられるのでしょうか。それが「正規」であるためには、まず「期間の定めの無い雇用契約」であること、直接雇用であること、そしてフルタイム雇用であることの三つが欠かせない要件となるのは、おそらく多くの人が理解できるところでしょう。しかしこの三つを満たしていても問題が残ります。というのも、日本には「フルタイムで働くパート」という、語義矛盾のような不思議なカテゴリーも存在するからです。

そこで、日本の正規・非正規の区分について、こうした雇用契約上の明確な要件の違いだけでは説明できない「身分上の格差」であるという説明が存在してきましたが、最近はこれを「メンバーシップ契約」、すなわち「職務の定めの無い契約」であるか否か、という観点から説明する見方も登場しています（濱口 2011）。確かに、日本の正規雇用とは「企業のメンバーシップ」なのであると考えれば、正規雇用の労働者が「社員」と呼ばれる理由もわかる気がします。その実態や歴史などをめぐってまだまだ論争の余地はありますが、この「メンバーシップ契約」という概念は、日本の正規・非正規問題を考える上で重要な問題を提起したものと言えるでしょう。

3　賃金デフレの衝撃と背景

「想定外」の賃金動向

このように、経営者団体によって日本的経営の「新時代」が宣言された時期以降、「非正規化」と「成果主義化」をキーワードとする変化が日本の労働社会に着実に進展してきました。ではこうした雇用行動と労務管理の転換は、マクロな視点でみたとき、日本の労働経済ないしは国民経済全体にどのような影響をもたらしたと言えるでしょうか。ここで例えば日本社会全体の賃金水準という面に着目したとき、90年代後半から顕著になるのが、名目賃金の傾向的低下という現象です。

周知のように、伝統的なマクロ経済理論には「名目賃金の下方硬直性」という命題が存在します。この命題を一般的に前提とすることの理論的な妥当性については、今日議論の分かれるところとなっていますが、少なくとも歴史的に見れば、現代経済において賃金は物価との関係で相対的に下落すること（実質賃金の低下）は見られても、貨幣賃金率で傾向的に低下するという現象は経験されたことがなく、経済政策も概ねこの命題を前提として立てられてきました。ところが、90年代後半以降の日本には、その「想定外」の事態が起こったわけです。図５に示されるように、１９９７年から２００７年にかけての10年間で、日本の雇用者報酬は名目

図5　GDP と雇用者報酬の伸び率

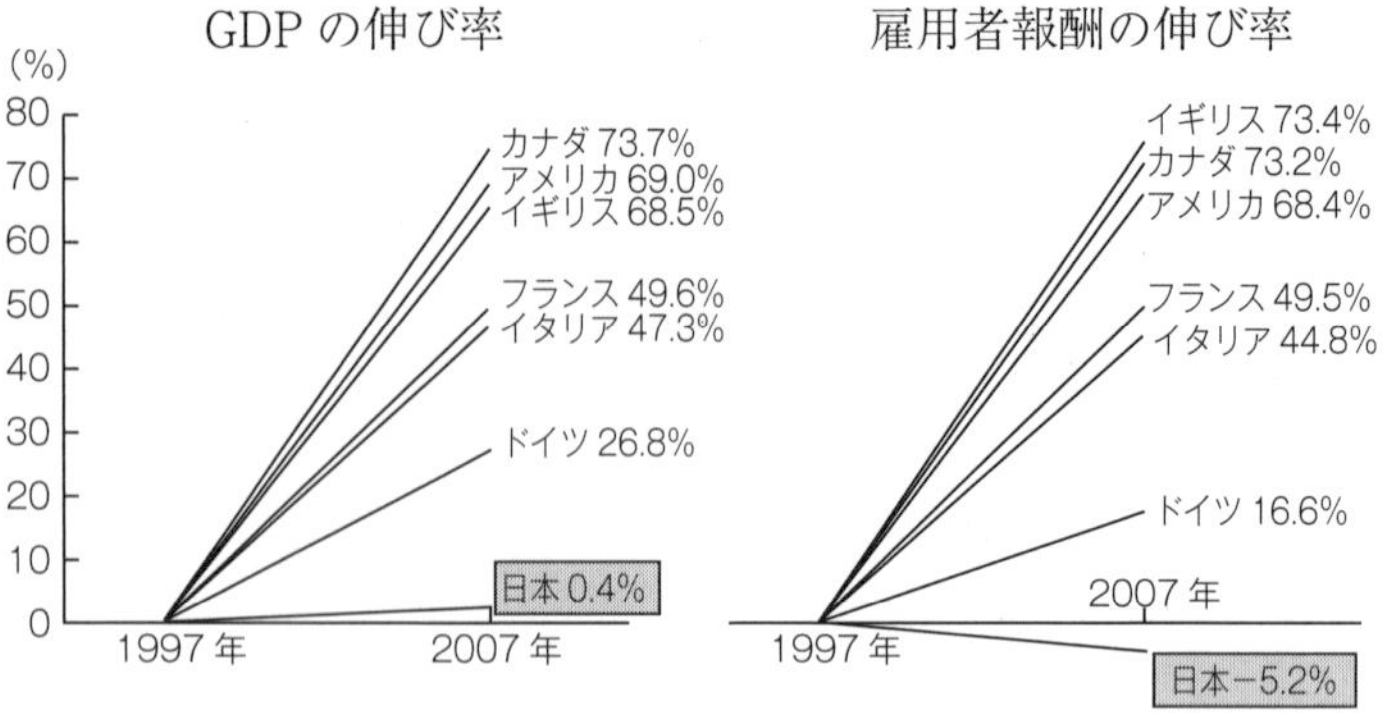

出所：労働総研『国民春闘白書』2011 年版。

で実に5・2％もの下落を見ます。これこそが、90年代後半以降の日本における労働社会の構造変化がもたらした最も重大なインパクトでした。

この名目賃金の傾向的下落という現象は「賃金デフレ」と呼ばれるように、一般物価デフレと同様に（あるいはその重要な一環として）、国民経済に深刻な負の影響を与えることになります。再び図5を見ると、先進各国のなかで唯一名目賃金が低下する日本は、諸外国と比較して、成長率もきわだって低い、というより、日本だけがほとんど成長していないことがわかります。名目賃金の下落という特異な現象が国内需要を確実に縮小させてきたことが、日本経済の長期停滞からの脱出を困難なものとしてきたのです。

こうした見方に対して、逆に名目賃金が伸縮的であったことによって、企業は一般物価デフレの下でも実質賃金の抑制を通じて人件費率の上昇を回避し、人員整理による人件費抑制、すなわち失業の大幅な増大を避けることができ、それによってより深刻な内需の縮小を回避できた、という見方もあります（山本 2010）。確かに、日本経済は90年代末以降、史上類例を見ないほどの長期にわたるデフレに苦しみながらも、失業率の上昇は3％台から5％台へと、2ポイントほどの上昇にとどまり、欧州各国と比較しても失業率の水準は相対的にはなお低いレベルにとどまっています。しかし、日本は欧州と比べて失業給付の水準がはるかに低いこと、また、日本の非正規労働者は雇用自体が著しく不安定なものであって、その少なからぬ部分が、処遇の劣悪さとあいまって「半失業者」と定義しうる存在となっていることも見逃すことはできません。実際、2010年における労働者人口に占める顕在的失業者・潜在的失業者・半失業者の合計は15％にも上ると推計されています（唐鎌2011、伍賀他編2011）。このように雇用と失業をめぐる質的な相違を考慮に入れるなら、日本の場合、見かけ上の失業率が相対的に低くとも、そのわずかな上昇による個人消費への負の影響はきわめて大きなものと見る必要があります。

グローバル化は何をもたらしたのか

では、この賃金デフレのような異常な現象をもたらす労働社会の構造変化が、日本で引き起こされたのは何故なのでしょうか。換言すれば、雇主（企業）が人件費コストの抑制を図ろうとすることは古今東西において普遍的に見られるものであるとして、日本においてのみ、ここまで顕著かつ異例な賃金の全般的低下をもたらすほどの雇用構造や賃金制度の変化を、労働者

コラム4－2　名目賃金の下方硬直性

「名目賃金の下方硬直性」とは、労働市場においては一般の市場と異なり、たとえ供給過剰の状態にあってもその価格（賃金）は貨幣額で下落することはないという、ケインズ以来定式化され、マクロ理論および経済政策の前提となってきた仮定です。現在では、マクロ経済学の諸潮流のなかでも、マネタリストや「新しい古典派」（New Classical Economics）などは、労働市場に本来そうした性質が内包されているという考え方に対して否定的であり、労働組合や政府による過剰な規制さえ存在しなければ賃金は伸縮的になりうるとの立場であるのに対し、ニュー・ケインジアンは、効率賃金仮説（労働者の生産性は賃金に比例するため、たとえ労働市場で供給超過の状態が生じても企業は賃下げを回避する、という考え方）などに依りつつ、賃金の下方硬直性はより一般的な条件の下で存在することを主張します。

よく知られているように、1970年代後半から80年代にかけての時期には、先進国の経済政策にマネタリズムの影響が強くなり、その中で労働市場の柔軟化＝賃金の柔軟化が追求されます。しかしそこで目標とされたのもあくまで実質賃金の伸縮性であり、名目賃金の低下という事態までは想定されてはいませんでした（丹下1995)。

が甘受することになった経済的ないしは社会的力学とはどのようなものだったのでしょうか。

こうした問いに対する回答は、グローバル化の影響という説明によって与えられるという見方があります。つまり、近隣における新興国や旧社会主義諸国の市場経済への本格的参入によって、日本の労働者はそうした諸国における低賃金労働者との賃金競争の圧力にさらされ、賃下げの受容を余儀なくされたというわけです。そして、こうした意味でのグローバル化の圧力に同様にさらされたはずの西欧先進各国に比べて、名目賃金の低下という現象が日本だけに生じた理由としては、西欧においては賃金水準の低下が生じなかったかわりに高失業という代償を支払うことになったという構図で説明されます。端的に言えば、経済のグローバル化という衝撃を、日本は名目賃金の柔軟性によって吸収して雇用を維持し、西欧は雇用量の変化で吸収して賃金水準を維持したというわけです（山田２００３）。

確かに、グローバル化が日本の経済や雇用社会に大きなインパクトを与えたことは、何人たりとも否定しえない事実と言えるでしょう。しかし、日本と西欧諸国の失業率の時系列変化をみたとき、こうした論理のみによって雇用・賃金の動向を説明することには疑問符がつきます。図６は、日本、イギリス、フランスにおける失業率の長期的な推移を示したものです。確かに西欧２カ国はもともとの失業率が日本よりも高いのですが、旧社会主義圏（旧ソ連・東欧および中国）が資本主義世界経済に組み込まれ、グローバル化の画期をなす80年代末から90年代初めの時期を前後とする変化に着目するなら、実は、この時期を境に失業率が明らかに上昇し、その後も高止まりしているのは、逆に日本だけだということがわかります（西欧主要国ではドイツがそのようなパターンを辿りますが、ドイツの場合、旧東西ドイツの統一という特殊事情が背景にあります）。

図6　失業率の時系列変化（1980～2010）

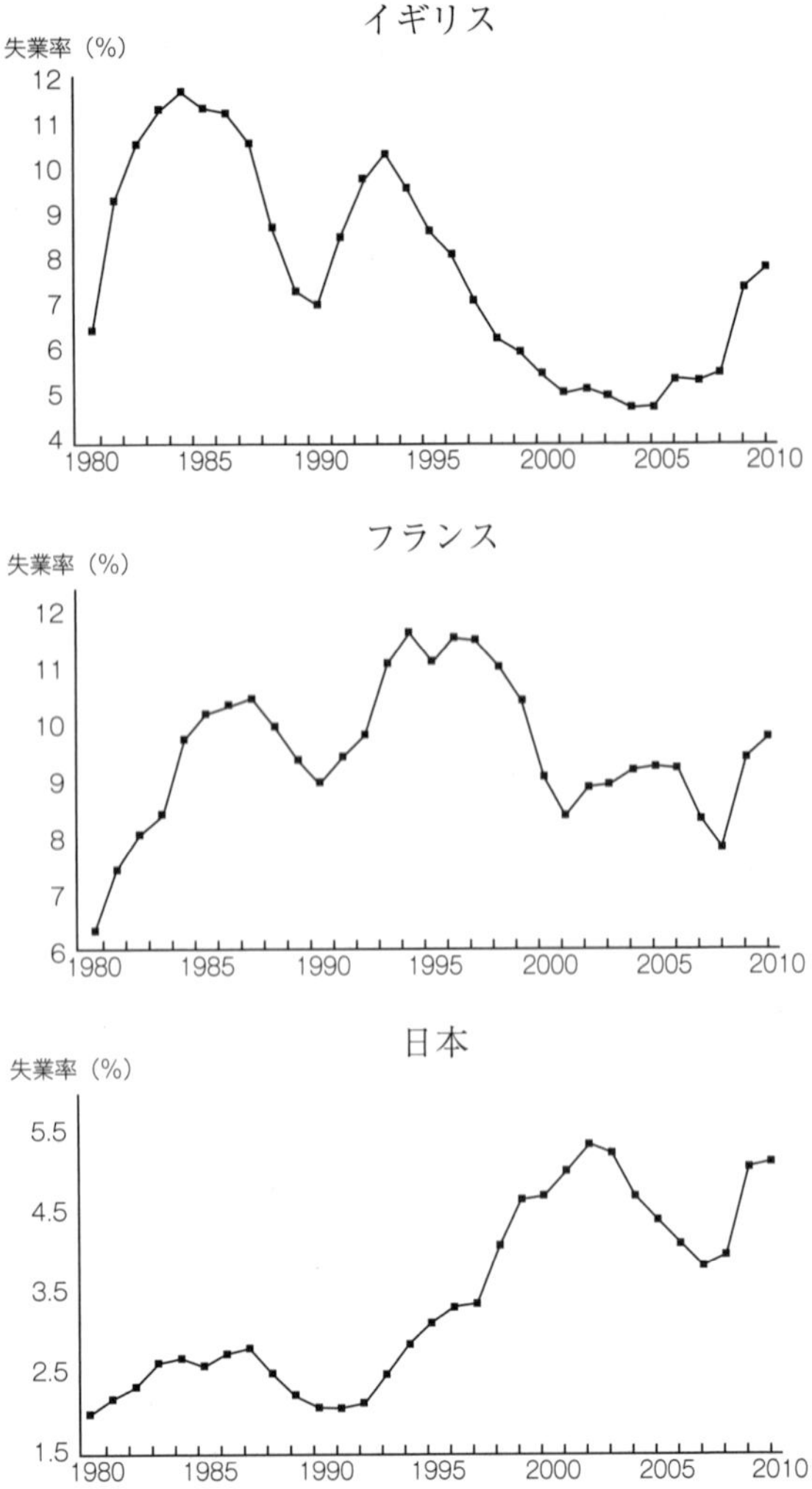

資料：IMF, *World Economic Outlook Database*, October 2010.

鍵としての労使関係

このように、90年代後半以降の日本の労働社会に特有の状況、とくに賃金デフレといった異様な事態を、グローバル化という要因では十分に説明しえないとするなら、他にどのような点に着目すべきなのでしょうか。再び国際比較の視点を重視しつつ、賃金などの労働条件決定をめぐる経済・社会的力学の日本的特質に迫ろうとしたとき、ここで労使関係という要素が重要な鍵として浮かびあがってきます。

「労使関係」(industrial relations) とは、日本語の字義通りに解釈するなら、「労働者と使用者との関係」ということになります。しかし考えてみれば、労働者と使用者とを、単にそれぞれ労働市場における取引主体ととらえる限り、両者の関係は、雇用契約という契約によって結ばれる雇用関係という観点で捉えられるだけで十分です。また具体的な労働・作業という局面における労働者と使用者との関係に着目しても、そこに存在すべきは後者から前者に対する指揮・命令関係につきるはずです。にもかかわらず、労働者と使用者との間に、それらに回収されない関係が措定されうるとすれば、それは、労働条件や仕事の量・中身などについて日々労働現場に生じる問題をめぐる、労・使の利害や立場の相違を前提とした、指揮・命令ではない対等なコミュニケーションに基づく関係であり、しかもそれは、単なる私法上の自由な取引主体という形式的な対等性にとどまらず、現実の経済・社会的な力の不均等を前提に、それを克服・修正して初めて成立しうる実質的な対等性が確保された中で形成される関係でなければ

図7　労働組合組織率と労働協約適用率

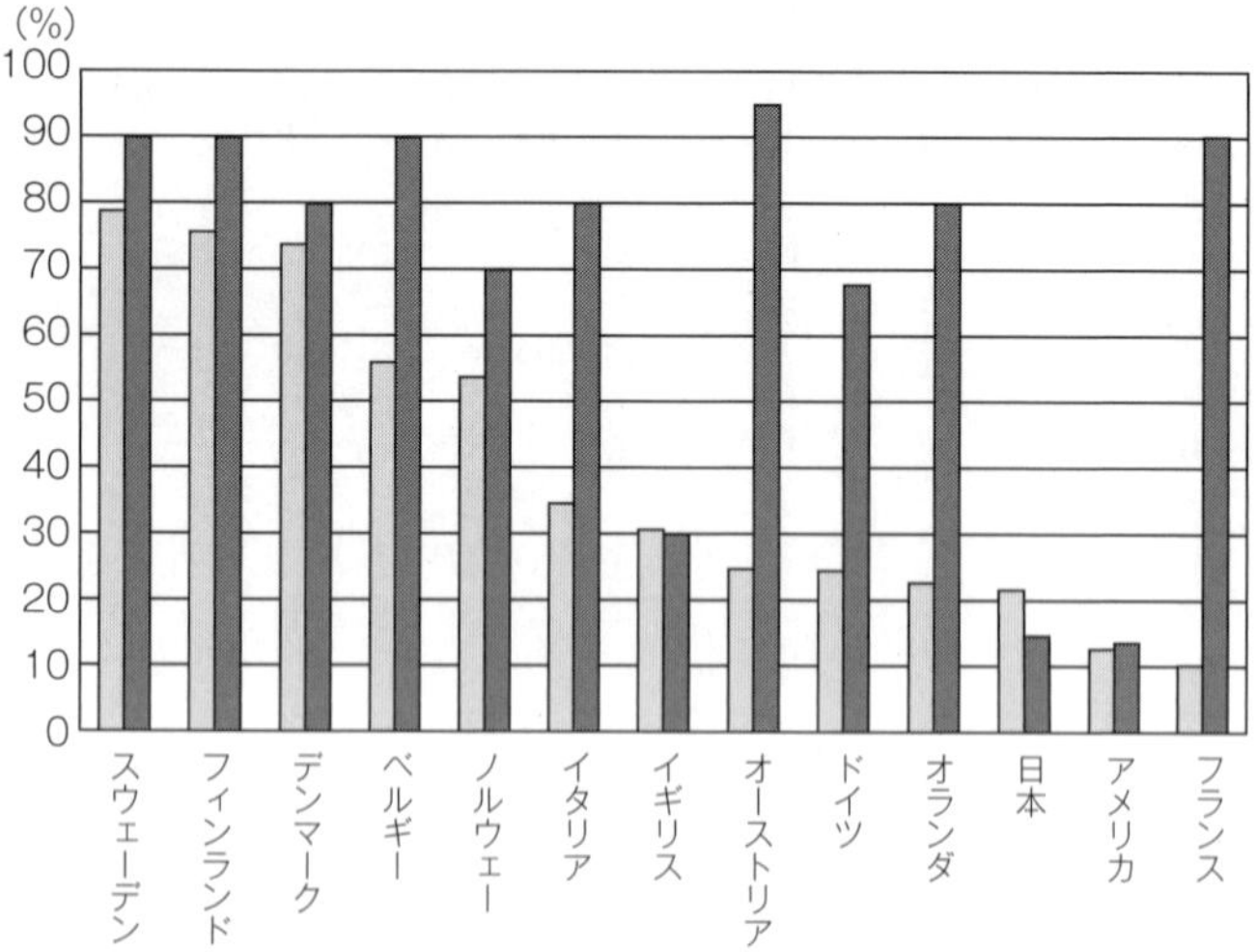

	スウェーデン	フィンランド	デンマーク	ベルギー	ノルウェー	イタリア	イギリス	オーストリア	ドイツ	オランダ	日本	アメリカ	フランス
労組組織率（2000年）	79	76	74	56	54	35	31	25	25	23	22	13	10
協約適用率（2000年）	90	90	80	90	70	80	30	95	68	80	15	14	90

出所：浅見（2011）。

なりません。

　そのような関係は、労働者が個々ばらばらに雇主と相対するときに形成されることは、基本的には不可能であり、労働者が集団を形成し、その力を背景としたとき初めて成立します。したがって、労使関係とは基本的には、単に労働者一般と使用者との対等な関係というよりは、集団としての労働者、すなわち労働組合を一方の側の主体とする関係、すなわち集団的労使関係を意味する概念ということになります。

　それでは、日本における労使関係の特徴はどのようなところに見出すことができるでしょうか。まずは図7を見てみましょう。これによれば、日本の労働組合組織率は2割を切る数値を示しており、お世辞にも高いとはいえません。しかし諸外国、とくに北欧諸国を除く欧米先進各国も、実はそれほど高いものではありません。とくにアメリカやフランスの組織率の低さは目につきます。そんなわけで、先進各国間での比較の場におく限りにおいて、日本の労働組合の組織率は実は中程度にはとどまっていると言えます。

しかし、ここで注目すべきはもう一つのグラフ、労働協約適用率の比較です。労働協約とは、労働組合と経営者または経営者団体が団体交渉を経て締結する、賃金など労働条件に関する協定のことであり、とくに経営側の締結主体が全国的・地域的な経営者団体の場合、労使の合意次第で非組合員にまで適用することが可能となります。そこで日本の協約適用率をみると、ヨーロッパ諸国より圧倒的に低く、アメリカと並んで最も低いレベルにあります。日本の労働組合の大多数が企業別労組で、協約も企業単位で結ばれ、当然ながら協約の適用範囲は当該企業の労働者、しかも多くの場合正社員に限定されるのに対し、ヨーロッパの場合は産業別労組と業界団体が全国ないしは州単位で企業を超えた産業別協約を締結し、当該産業の組合員以外の労働者にまで拡張適用させることが多い、という違いがここには反映しています。

このように、組織率はその社会・時点における労働組合の外形的な規模を静的に示す数値でしかないのに対し、協約適用率は労働組合による団体交渉が、どの程度の社会的な範囲に影響をおよぼしているのか、ということを示す動態的な指標であると言えます。つまり、労働組合の社会的影響力を計測するうえでは、組織率よりもこの協約適用率の方がより的確な指標と言えるのです。

例えば先進国中組織率が最低のフランスでは、労働組合は大衆的組織というより活動家集団という性格が強いため、全雇用労働者に占める組合員の割合はわずかです。しかし、ひとたび労働争議となれば多くの「未組織」労働者も合法的に参加し、争議・交渉の結果として締結された協約も、形式上の組織・未組織労働者の如何を問わず、ほとんどの労働者に適用されます。こうした制度的・社会的文脈をふまえれば、フランスはたとえ組織率が日本より低位にあっても、労働組合の社会的経済的影響力が日本よりはるかに強いレベルにあることは歴然としています。そのことは協約適用率という数字に端的に現れているわけです。

では、組織率では日本より低く、協約適用率の点でも日本と同程度のアメリカはどうでしょうか。図８は各国の労働損失日数を比較したものです。労働損失日数とはストライキの日数と参加人員数の積のことであり、それぞれの国で労働争議がどの程度活発であるかを示す指標です。日本はこの労働損失日数の点でもやはり世界で最低クラスであるのに対し、アメリカは群を抜いて高い指標を示しています。最近の個別事例でみても、１９９７年には全米最大の小荷物輸送会社ＵＰＳで、パート労働者の正規化を主要な争点とする長期の全面ストが発生し、２００８年には世界最大の航空機メーカー・ボーイングの主力工場では、賃金協約をめぐる２ヶ月にわたるストライキが起こり、その間生産がほぼ完全にストップしました。こうした

図8　労働損失日数（2008年）

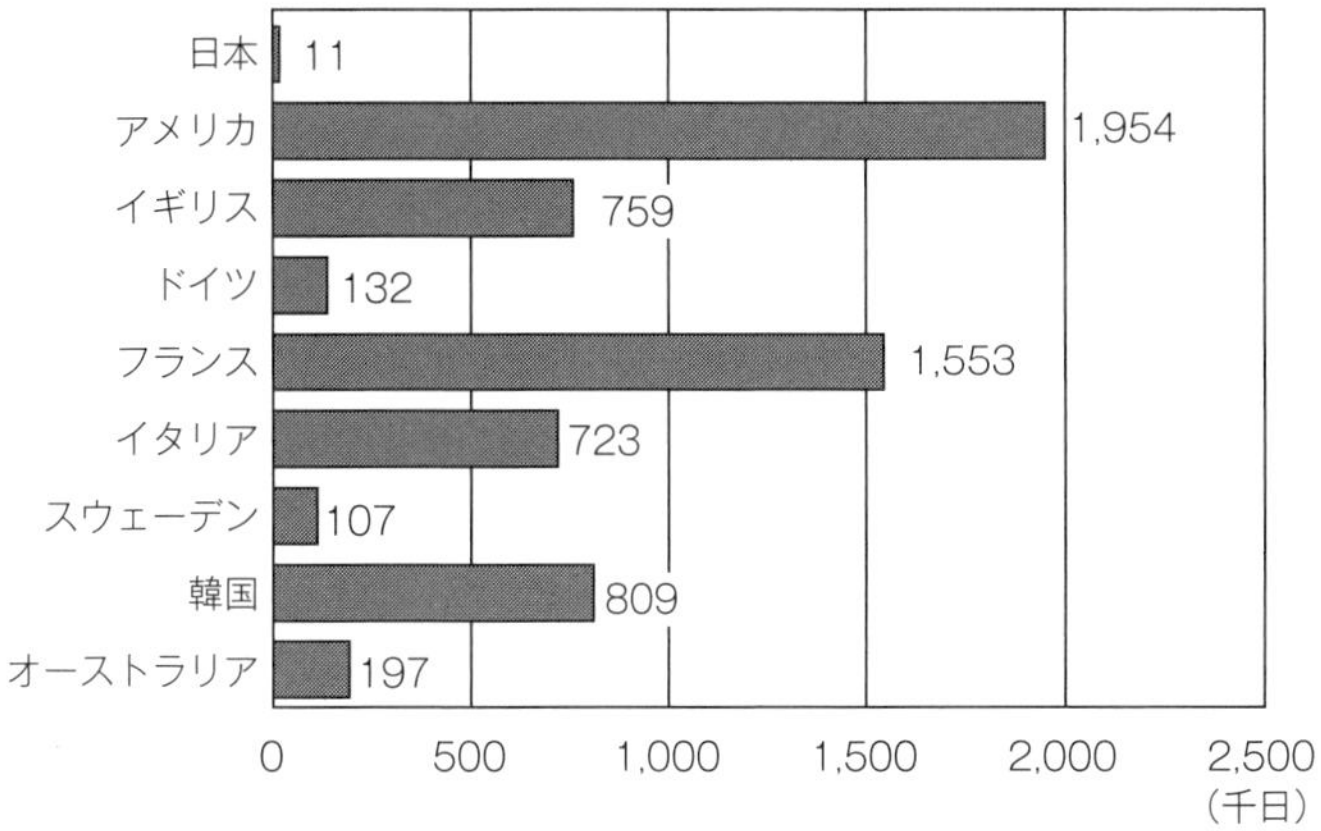

出所：JILPT『データブック国際労働比較』2011年版。

ケースを見てもわかるように日本では考えられないことですが、アメリカでは今日なお、業界を代表する巨大企業においても大規模な労働争議がしばしば発生します。

　そもそもアメリカでは、運動路線等の如何を問わず労働組合そのものを忌避するアンチ・ユニオニズムの伝統が、企業経営者のなかに根強く存在します。さらにアメリカの労働法制には、日本とは異なり、労使交渉の単位となる職場や企業で働く労働者の過半数の支持を得なければ、しかも原則として政府機関である全米労働関係委員会（NLRB）監督下の組合承認選挙を通じてそれを獲得しなければ、団体交渉権をもつ労働組合として認められないという制度（排他的交渉代表制）も存在します。それゆえ、アメリカにおける労働組合の組織化というのは、通常、経営者の妨害と闘いながら過半数労働者の支持を獲得し、組合承認選挙で勝利することが必須の、そして最も重要なプロセスとなります。アメリカにおける労働組合の組織率の低さは、このような労働組合の組織化自体の社会的制度的困難さから来ているものであり、高いハードルを乗り越え組織された労働組合は、少なくとも日本に比べればはるかに経営に対して自律的であり、戦闘的であると言えます。

翻って日本の労使関係をめぐる状況について考えてみましょう。先に、「日本的経営の三種の神器」「日本型雇用」に関する記述のなかで示唆したように、日本的経営の「新時代」が唱えられるなかで、「終身雇用」と「年功賃金」については、財界や多くのマスコミから（その本気度や実効性は別として）批判され「解体」の対象とされてきました。これに対して「三種の神器」の残る一つ、企業別労働組合だけは、少なくとも経営者や財界団体からは、批判し解体すべき対象として名指しされることはなく、温存されるべきものと見なされてきました。それは、日本の企業別労働組合の多く、とくに民間大企業におけるそれが、経営者とのパートナーシップを最重視して、自らの組織目標や行動原理をめぐる基本的パースペクティブを経営側と共有し、経営戦略に応じた作業組織の再編などを円滑に進めることに協力する労使一体型の組織であって、経営陣にとって誰よりもよきパートナーというべき存在であるために他なりません。

日本で多数を占める企業別労働組合は、60年代から70年代にかけての時期にこうした組織体質や行動様式を形成し、企業別労組というより企業内労組と呼ぶべき存在になってきたことは既に知られています。そして90年代後半以降、経済の長期停滞が続くなかで、こうした企業内労働組合は、経営環境をめぐる危機感を経営者といっそう共有し、経営目標へ向けた労働者を動員する機能をさらに強化する傾向をみせてきました（兵頭 ２００４）。この間、企業内労組の多くは経営陣が推し進める非正規化や成果主義の導入のみならず、人員整理にさえ積極的な協力姿勢をとります。あらゆる統計的指標からみて、日本の労働組合の組織力量・影響力・活性度は世界でも際立って慎ましく微弱なものであることを先に確認してきたわけですが、それはこうした日本の労働組合の質的なありようの必然的な帰結と言えるでしょう。

「賃金の下方硬直性」といった命題の存在自体から窺えるように、もとより賃金というものは一般的な商品価格とは異なり、本来、市場メカニズムだけで決定されるものではなく、歴史的経路や公式・非公式の制度、その他様々な社会的力学の関数として決定される性質を強く帯びるものです。一般的にそうした社会的諸変数のなかでもとりわけ重要な位置を占めており、かつ、日本でのあり方が世界的に見てとりわけ特異性を示すのが労使関係という要素です。90年代末葉以降今日に至るまで、10年以上にわたってひたすら名目賃金が下落するという世界にも類例のない事態の背景には、労使関係のこのような日本的特質が存在していたわけです。

4　労使関係の新展開と個人加盟ユニオン

労使関係の空洞化

　このように、労使関係の日本特有のあり方が、賃金デフレの促進要因となって日本経済の厳しい状況に拍車をかけているわけですが、そうした日本的特質は同時に、労働組合の社会的存在意義が深刻に問われる状況を生み出しています。とくに、増大しつつある非正規・不安定雇用労働者の現実にとって、労働組合という存在は、しばしばほとんど意味の無いものとなっていると見られています。というのも、前述したような、日本で多数を占める企業内労働組合の多くが、非正規労働者の組織化や要求実現にはほとんど無関心だったからです。常に解雇や雇い止めの不安にさらされ、単身での生活を維持することすらおぼつかないほどの低賃金といった、日本の経済・社会を底辺で支える非正規労働者の直面する困難な状況の打開のために、多くの労働組合は何の役にも立っていない、そして立とうとしていない存在であるという捉え方が、社会的には広く浸透してきました。

　そして、労働組合が存在する職場・企業の正社員にとっても、経営者とますます一体化する労働組合が存在感をいっそう希薄化させてきたこととあいまって、労使関係というカテゴリー自体が日本においては空洞化してきていたといってよいでしょう。なぜなら、労働者と雇主との間に利害対立や妥協のプロセスといった要素を想定する労使関係という概念が意味あるものとして成立するためには、先に述べたように、経営者との対等性を担保する自律的な労働者の集団＝労働組合の存在は、本来、不可欠の条件であるはずだからです。

個別労働紛争の増大

しかし90年代後半以降、雇用労働をめぐる情勢の大きな変化のなかで、日本の労使関係には注目すべき新動向が生まれてきました。前節でみてきたような、90年代以降の雇用構造の変化、労務管理の新展開のなかで、解雇・退職勧奨や一方的な労働条件引下げなどを個々の労働者が突然通告されるといったケースが激増してきます。本来こうした事態に直面する労働者の多くは、労働組合に組織されていないか、既存の企業内労働組合がそうした問題に関与する姿勢を見せないという状況の下では、いかに不本意かつ理不尽な通告であっても受け入れを余儀なくされるはずでした。ところがこの頃から、こうした労働者が「泣き寝入り」することなく処分撤回などを求めて経営者と争う事例が増加してきたのです。

かつて労働者と経営者との争いというのは、ストライキなど集団としての労働者による「労働争議」でしかありえませんでした。しかしこの頃から、そうした従来的な枠組では考えられなかった「労働者個人」と経営者との争い、すなわち「個別労働紛争」が登場してきたのです。このことの背景としてまず指摘しうるのは、そうした紛争の契機となる解雇通告や労働条件変更などが、しばしば、労働基準法などの法令に違反する形で行われていることです。多数の労働者による圧力やストライキといった実力行使の裏付けをもたない労働者個人でも、経営者側の行為が違法なものである限りにおいて、時間・費用その他のコストさえ何らかの形で調達できるなら、司法制度などを利用して使用者と争い有利な解決を引き出すことが可能となるからです。

ユニオンの挑戦

そして背景として挙げられるもうひとつの要素は、そのような紛争において労働者を支える「個人加盟ユニオン」の登場です。これは、雇用や労働条件をめぐるトラブルに直面した労働者が、職場・企業・職種・業種を問わず相談し加入できる労働組合です。従来的な企業別労働組合はもちろん、欧米流の産業別労働組合とも大きく異なる組織原理をもちながらも、日本の労働法上、立派に「労働組合」として認められるこうした組織の存在や活動は、固有名詞としては「〇〇労働組合」よりも「〇〇ユニオン」と名乗る組織が多いことから一般名詞として定着してきた「個人加盟ユニオン」という言葉とともに、90年代以降マスコミの積極的な報道等も受けて、市民権をえて日本社会に定着してきました。

不当な解雇や労働条件の一方的切り下げを受けたと感じ、それに納得できない労働者は、労働相談を通じて個人加盟ユニオンに加盟することによって、当該の企業または職場の中には誰も仲間を持たない孤立無援の状況であろうとも、企業外に存在する組合指導部や、様々な企業や職場に散在する他の組合員の支援を受け、「団体交渉」を申し入れることができます。そして、労働組合による団体交渉の申し入れに対して、労働組合法上、使用者はこれを拒否することはできず、誠実に応じる義務があります。こうして、純然たる個人としての立場であれば経営者と対等な立場で話し合うことなど思いもよらない、職場で孤立し厳しい立場におかれた労働者にとって、個人加盟ユニオンが大きな武器となるわけです。こうした個人加盟ユニオンが登場する紛争の事例は、90年代以降顕著に増加し、２００８年のリーマン・ショックを機に発生した多数の「派遣切り」「非正規切り」の際にも注目されました。

ユニオンへの挑戦

今やこうして社会的に認知され、注目度を上げつつある個人加盟ユニオンですが、それが日本の労使関係を大きく変えてゆく存在になりえるかどうかは、しかしなお不透明です。この問題を考えるために、さしあたり、個人加盟ユニオンの組織と運動が直面している二つの大きな課題を指摘しておく必要があります。

まず、個別労働紛争の増加によって、労働者が個人として使用者との対等な立場で紛争解決のプロセスに乗る制度の根拠となる「個別的労使関係」という概念が浮上してきたことです。２００１年に発足した個別労働紛争解決制度や、２００６年に始まった労働審判制度は、この

「個別的労使関係」という考え方の台頭と軌を一にして形成されてきた制度です。これらの制度自体は、会社とのトラブルに直面する労働者、とくに未組織の労働者にとって頼みの綱となりうるものです。また個人加盟ユニオンの側にも、個別紛争支援のプロセスの中でこれらの制度を積極的に利用する動きも出ています。

しかし個人加盟ユニオンにとって大きな問題は、このように、集団的労使関係とは別個に個別的労使関係という概念が確立し制度化されてくることによって、二つの労使関係を律する制度を区別する考え方、すなわち、個人の労働紛争は集団的労使関係の枠組ではなく個別的労使関係制度によって解決されるべきだという論理が出現する点にあります。

実は、個人加盟ユニオンの個別労働紛争への関与は、「たとえ当該の職場においてただ一人の労働者しか組織していない労働組合であっても団体交渉権を行使でき、経営者は誠実に交渉に応じる義務があり、応じなければ経営者の不当労働行為と認定される」という、世界でも珍しい日本の労働法制によって可能となってきました。しかし今、この日本独特の労働法制のあり方が、今、労使関係概念の二元化によって揺らぎつつあります。すなわち、労働組合は「集団的労使関係」における主体でなければならないとして、それを個別労働紛争への関与から事実上排除する政策が浮上してきているのです。実際、２００６年には、アメリカの排他的交渉代表制に類似した制度である交渉単位制を導入する動きが政府内で具体化していました。この制度が導入されれば、個人加盟ユニオンのような、職場で少数の労働者しか組織していない労働組合は団体交渉権を失うことになります。つまり個人加盟ユニオンが今後も個別労働紛争に関与しうる条件が維持されるか否かは、労働法制のゆくえを左右する国政レベルでの政治力学と世論の風向きに依存していると見なければならないのです。

もう一つは、個別紛争の当事者たる労働者は、問題解決のために労働相談などを経て個人加盟ユニオンに加入しても、その多くが、紛争解決後は組織に定着することなく短期間で脱退してしまうという問題です。例えばある労働者が賃下げや不当解雇といった個別紛争の当事者となり、個人加盟ユニオンへの加入を通じて、賃金水準や雇用の原状回復という形での解決を勝ちとったとしても、当該組合員は往々にして職場の中で引き続き孤立した状況におかれることになります。たとえ本人がユニオンに連帯感や「恩義」を感じて組合員であり続けたいと考えたとしても、そうした状況のなかで、「職場にたったひとりの組合員」であり続け、活動を継続することはきわめて難しいと言わねばなりません。

もちろん、強靭な精神力をもって、あるいは「会社の中では一人でも、会社の外には仲間がいる」という思いを拠り所に、さらに、実際に職場外に存在するネットワーク自体に「居場所」としての意義を見出すことで、中長期にわたって組合員としてとどまる人も一定数は存在します。しかしそうした人々も、職場で孤立した状態が続く限り、自らの賃金や労働条件を引き上げる、同僚とともに働く環境を改善してゆく、といったことについては、限りなく厳しい状況に置かれ続けることになります。法的な基準さえクリアされているなら、争議権行使の裏付けをもたない労働者が法的な最低限以上の要求を突きつけても、経営者が譲歩する可能性はきわめて小さいからです。労働者が、自らの団結の力で、国家によって設定された法的な最低基準以上に労働条件を引き上げてゆくことを、多数の労働者を結集した職場組織という基盤なしに実現することは、不可能とは言えないまでも著しく困難だと言えるでしょう（兵頭２０１０）。

5　むすびにかえて

雇用と賃金に着目しながら、日本経済がおかれた状況と働く人々をとりまく情勢を俯瞰してきました。雇用の不安定化と賃金の低下は、一人ひとりの労働者にとってのみならず国民経済全体にとっても、内需の落ち込みを促進してデフレから脱却をより困難なものとし、ゆくゆくは財政や社会保障制度にまでいっそうの打撃を与えるものとなるでしょう。こうした状況を少しでも緩和するための政策的対応として、最低賃金の引き上げや、90年代から00年代初めにかけて緩和が進んだ労働市場・雇用に関する規制を再び強化することは喫緊の課題であると言えます。

ところで、こうした議論に対するものとして、非正規労働者の劣悪な条件は、法規制や労組によって正社員が保護されていることによるものであり、非正規労働者の条件改善のために、

コラム４－３　企業別労働組合と産業別労働組合

「日本の労働組合は、欧米の産業別労働組合とは異なり、企業別労働組合であるために、労使一体的なのだ」といった言い方がよくなされます。こうした言い方が必ずしも全面的に間違っているわけではありませんが、この二つの概念を手がかりに日本と欧米の労働組合組織の違いを理解するにあたっては、若干の注意も必要です。「欧米の労働組合は産業別労働組合である」と表現されるとき、しばしば、「欧米の労働組合は、産業レベルで中央集権化された組織が経営者団体と交渉を行い、産業別労働協約を締結する」というイメージが含意されます。一部の西欧諸国についてみれば、そうしたイメージは概ね妥当すると言えますが、北米について言えば、産業別労働組合の行動パターンや組織のあり方は、こうしたものとは大きく異なります。

アメリカやカナダでは、全米自動車労組のような伝統的な産業別労組の存在する産業でも、団体交渉は産別組合本部と各企業の間で行われます。当然、労働協約は企業あるいは事業所ごとに締結され、産業別協約や横断賃率といったものは存在しません。それどころか、団体交渉自体を「ローカル」と呼ばれる企業・事業所単位の組織が主体となって行う労組も少なくありません。この場合、当然ながら組織の意志決定もローカルの自律性が強いものとなり、日本の企業別労組のイメージに近いものとなります。かといって、その行動原理が日本の企業内労組のように労使一体的というわけではありません。

また、西欧の労働組合には職場・企業単位の組織は存在しない、というようなことが言われる場合もありますが、これは全くの誤解であり、西欧産業別労組にも職場や企業レベルでの交渉を行うユニットは立派に存在します。

かつて日本の企業別労組がいかに戦闘的な組織であったかということと併せて考えてみても、「産業別」「企業別」といった組織形態の違いが組織体質や行動原理を決定する、と性急に結論づけることには、慎重な留保が必要だと言えるでしょう。

解雇規制をはじめとする正社員の労働規制はむしろ緩和すべきである、という見解や、年功賃金制の下にある男性正社員の相対的な高賃金は、非正規労働者から搾取している結果であり、既得権をもつ、とくに中高年の男性正社員の賃金を下げることが必要である、といった論調が存在します（八代 1999、後藤 2011）。しかし、これまで繰り返し述べてきたように、90年代後半以降、正規・非正規を含めて日本の労働者の全体的な賃金水準が低下し続けてきたのに対して、法人企業の内部留保は98年から09年までの間に210兆円から441兆円へと、110％も増加しています。正規労働者と非正規労働者との間にゼロサム的関係を設定し、「正社員による非正社員の搾取」というような図式を描くことが現実から乖離したものであることは、こうした数値からも明らかです。また、労働の規制緩和をいっそう進めて正社員の雇用を不安定化させたり、中高年正社員に対してさらなる賃下げを迫ることは、生活防衛を図る労働者の消費支出の水準や消費性向をいっそう押し下げることにより、さらなる内需の縮小からなお一段の景気後退へという形で、これまで日本経済が陥ってきた悪循環をさらに深刻化する役割を果たすことは明白だと言えるでしょう。さらに言えば、こうした政策は多数の住宅ローン破産を生み出すことによって金融システムにも再び深刻な打撃を与える可能性さえあります。そして、一見「格差是正」を志向するかに見えるこうした政策が生み出す国民経済の縮小や混乱に直撃されるのが、他ならぬ非正規労働者であることは、2008年のリーマン・ショックから「派遣切り」へ、という、つい先刻の歴史的経験が雄弁に物語っています。

しかし、そうした「正規対非正規」という非現実的な対立図式が、あたかもリアルな社会矛盾の焦点であるかのように見えるひとつの重要な原因が、既に見てきたような、これまで日本で主流を占めてきた労働組合の組織体質や行動様式にあるという事実も無視することはできません。こうした労働組合が主として正社員からなる既存の組合員の利益実現のために十分活動してきたかどうかはともかくとして、少なくとも非正規労働者の処遇に関心を十分に払わず、その組織化にも踏み出さないことによって、非正規労働者のおかれた現状や正社員との格差を追認あるいは擁護していると見られてきたのです。

第3節で論じた個人加盟ユニオンは、こうした主流の労働組合のあり方へのアンチテーゼとして、非正規労働者にとっていわば救世主的な役割や、日本の労使関係のあり方を総体として変革する役割を期待されたこともありますが、今日、そうしたユニオンの活動もさまざまな問題や隘路に逢着しているのが現状です。何よりも、日本の労働社会の歴史的基盤と現実から出発した時、職場を基礎に組織された多数の力を背景に、職場交渉を強力に進めてゆくというステップなしに、賃金等労働条件の引上げという、労働組合が本来それに期待されてきたはずの機能を十分に発揮することは不可能に近いという事実は、いま一度直視する必要があるでしょう（同前）。

既存の企業別労組の体質が変わることによってか、個人加盟ユニオンのような新しい労働組合が職場組織の建設を進めてゆくことによってか、いずれにせよ、正規・非正規の垣根を超えて労働者の多数を基盤とした組織が職場に形成され、賃金の適正な引上げと雇用保障を求め経営者と交渉するという、当たり前の労使関係の基礎が形成されること。これこそが「正規対非正規」という虚構の対立図式を超えて、賃金デフレのさらなる進行や雇用の不安定化を食い止め、国民経済の健全な再生を実現してゆくために不可欠の一歩であることは間違いないと思われます。

〈参考文献〉

浅見和彦（2011）「日本の労働組合運動はどのように再生しつつあるのか」『季論21』13号

唐鎌直義（2011）「現代の社会保障の問題状況と新たな改革構想」『日本の科学者』46巻10号

北見昌朗（2011）「「日本人の給料」ここまで下がった」『週刊文春』12月8日号

伍賀一道他編（2011）『ディーセント・ワークと新福祉国家構想』旬報社

後藤道夫（2011）『ワーキングプア原論』花伝社

下山房雄（1993）「「賃金個別化」ノート」『賃金と社会保障』1110号

高橋祐吉（1990）『企業社会と労働者』労働科学研究所出版部

竹信三恵子（2009）『ルポ雇用劣化不況』岩波新書

丹下晴喜（1995）「「労働市場の柔軟化」と規制緩和」『立命館経済学』44巻4—5号

野村正實（1994）『終身雇用』岩波書店

濱口桂一郎（2011）『日本の雇用と労働法』日経文庫

兵頭淳史（2010）「労使関係・労働組合問題の争点」石井まこと他編『現代労働問題分析』法律文化社

兵頭淳史（２００４）「企業内組合を超えて」久野国夫編『産業と労働のニューストーリー』法律文化社
八代尚宏（１９９９）『雇用改革の時代』中央公論新社
山田久（２００３）『賃金デフレ』ちくま新書
山本康雄（２０１０）「デフレはどこまで深刻か」『みずほリサーチ』２月号

※本稿における一部の統計データ処理にあたっては、黒澤悠（専修大学経営学部卒業生）・高畑憲斗（同経済学部３年生）両氏にご協力いただいた。なお本稿は、平成19年度専修大学個人研究助成「「年功賃金」確立期における賃金制度をめぐる理論と実態に関する研究」による研究成果の一部である。

第5章　大きく変貌する日本の金融システム

山中　尚

1　はじめに

本章では、日本の金融システムとそれに関連する現象を理解するうえで必要になる金融論の考え方の基礎を、わかりやすく解説することにしましょう。さらに、近年のわが国における金融システムの変化について見ていくことにしましょう。

本章の構成は、以下のとおりです。まず第2節では、金融システムの類型である直接金融、間接金融の仕組みから説明を始めます。第3節では、日本の金融システムの特徴や金融ビッグバンなどの自由化の内容を、取りまとめます。第4節では、市場型間接金融について、第5節では、証券化についてそれぞれ簡潔に解説します。最後に第6節で結びとします。

2　金融システムとは何か

(1)金融システムの機能

金融活動とは、いうまでもなく資金の貸し手と借り手の間での資金の貸借ですが、金融システムの果たしている役割は、次のように理解できます（池尾編、２００４）。

第１は、資金の移転であり、資金余剰の状態にある投資家から資金不足である企業に効率的な資金仲介を行うことです。

第２は、資金の移転にともなうリスクの移転です。すなわち、経済主体がどのようなリスクに直面しているかというリスク・エクスポージャーを変更する機会を与えることです。

第３は、規律付けと情報の問題です。金融の契約（負債契約）の履行を確かなものにするには、金融機関による継続的なモニタリングを通じて借り手企業を規律付けするという機能が必要です。金融機関は、融資の前には貸出先企業を詳細に審査し、融資後は、企業の経営を効率的にモニターする機能を果たしているものと考えられています。そのような金融機関の経済機能は、近年精力的に研究がなされてきた企業統治（コーポレートガバナンス）に通じる意義があるものと評価されています。これは、わが国のメインバンクに期待された機能でもあります。

第4は、金融取引の類型であり、これには相対型金融と市場型金融という分類があります。このような視点は、資金貸借にともなう信用リスクを最終的に銀行が負担するのか、それとも投資家が負担するのかという問題に関連してくることになります。

それでは次項で、ガーレー、ショーというふたりの経済学者が行った分類にしたがい、金融取引の形態を、直接金融と間接金融という2つのタイプの類型に分けて、順番に説明していきましょう。

(2)直接金融とは

資金貸借の方法としてまず最初に、直接金融という方法を紹介しましょう。直接金融とは、資金を必要とする企業が金融機関を通さずに、直接株式や社債などの有価証券を発行して投資家から直接資金を調達することです。企業などの資金が不足している経済主体を最終的借り手といい、これが発行する債務を「本源的証券（primary security）」といいます。端的にいえば、直接金融という金融取引の形態は、個人投資家や機関投資家が、証券市場において本源的証券である株式、社債などの債務証書（ＩＯＵ）を購入することで資金貸借が行われることです。

こうした企業の資金調達の仕組みを国際比較すると、国ごとに異なることはよく知られており、アメリカやイギリスが直接金融優位の国として類型化されています。

この直接金融の仕組みを担うのは、欧米では投資銀行ですが、わが国では証券会社ですので、まず直接金融を担う証券会社の機能を解説しましょう。

証券会社が持つ経済機能

直接金融において主要な役割を果たす証券会社の経済機能は、3つの役割に整理できます。

まず第1は、「アンダーライター」としての機能で、発行市場において証券会社が行う資金調達に関わる業務です。証券会社は、自己責任（勘定）において証券を一旦引き受けて、最終的貸し手に売却することによって証券売買の仲介を行います。これは、引受会社としての機能に相当します。

第2は「ブローカー」としての機能で、流通市場において行っている業務であり、証券会社は、すでに発行された（既発）証券の売買取引の仲介を行っています。これは委託売買の機能です。

第3は、「ディーラー」としての機能で、流通市場で証券会社が証券の売買を自己勘定で行うことです。これは自己売買・マーケットメイカーとしての機能です。証券会社自身が市場取引に参加することで取引拡大の可能性をもつ一方で、信用リスクや市場リスクを負担することになります。

証券市場の二つの機能

直接金融が行われる場である証券市場は、その機能に基づいて大きく発行市場と流通市場との２つに分けて論じられます。

このうち「発行市場（primary market）」は、最終的借り手が発行する本源的証券を発行・売却する市場です。この市場が存在することによって、最終的貸し手である投資家の貯蓄を最終的借り手である企業の設備投資（＝固定資本形成）に導くことができます。発行市場はさらに、企業のＩＰＯ（新規株式公開）が行われる市場でもあります。

「流通市場（secondary market）」は、既発行証券が売買される市場です。流通市場では、日々証券取引所で活発に取引が行われて株式や債券に価格がつけられます。そしてこの市場は、次のような働きをしています。

まず、取引対象となる証券（金融資産）に市場性や流動性を与えられることです。投資家はこれによって、長期の投資資金をいつでも流動化することができます。すなわち、売買取引量の厚みのある流通市場が整備されていると、投資家は必要に応じて流通市場でいつでも証券を売却することができるので、償還期限（満期）を待たずしていつでも資金を流動化することができます。一方、資金を調達する証券の発行体である企業は、満期まで償還する必要がないという利点があります。このために、資産需要者のファイナンス（資金調達）の機会が拡大し、ポートフォリオ（資産選択）変更の機会が与えられることになります。投資家にとって投資の選択期間の余地が拡大し、満期の長い資産保有の機会を与えられるので、発行市場を通じてより多額の証券の発行が可能になるわけです。

さらに、流通市場で証券価格が時事刻々再評価されることによって、投資家は資産選択に関わるシグナル（信号）を得ることができます。流通市場で形成される証券価格は、発行市場での資金調達に対して情報を与えるので、企業の投資計画において、流通市場で成立している証券の市場価格である時価の情報は重要です。

このような働きをしている流通市場は、制度上さらにふたつに分類されます。

第1は「取引所市場」で、競売買市場（auction market）としての取引がなされる市場です。取引所では、売買を行う市場参加者を特定の会員（＝証券会社）に限定して、上場基準を満たした証券が集中売買される場です。資金調達する上場企業には、財務情報の正確な開示（ディスクロージャー）が義務付けられます。現在わが国では、東京証券取引所をはじめとして全国に5つある証券取引所と、新興市場であるジャスダック市場などにおいて、活発な取引が行われています[1]。

第2は、店頭市場（OTC）で、これは個々の証券会社の店頭で行われる取引です。店頭市場は、多様な性質を持つさまざまな証券を投資家が売買する市場であり、たくさんの銘柄がある国債や社債を対象とする公社債流通市場は、この店頭市場です。

直接金融における情報生産と格付け

金融資本市場を通じて債券を発行する借り手企業自身が投資家に対して行うディスクロージャー（情報開示）は、必ずしも充分なものとはいえません。そこで、格付け機関による情報生産、すなわち格付け（rating）や審査と、市場への情報提供が必要になります。そして、直接金融においては、投資家が直接企業などの発行した各種の債券などを購入するため、企業がデフォルト（債務不履行）に陥るリスクは、直接的に投資家が引き受けることになります。

民間金融機関が融資をするときには銀行が融資先の審査を行うわけですが、格付けは一般に、社債や国債などのデフォルトの可能性を与える指標であって、専門の格付け機関が、アルファベット記号を用いて社債の償還可能性や安全性を評価するものです。

わが国では、銀行行政については各種の競争制限的規制措置が敷かれてきた一方、一貫して社債発行は厳しい規制下にありましたが、１９９０年代以降、本格的な社債ファイナンス時代が到来しました。社債の発行基準である適債基準が撤廃（１９９６年）されたことなどによって社債やＣＰ（コマーシャルペーパー）などの発行が増加したため、格付けに対する関心が高まってきたのです。

格付けの経済的機能は、直接金融の資金調達の場において、借り手と貸し手の間に存在する

コラム5－1　クレジット・デフォルト・スワップ（CDS）

クレジット・デフォルト・スワップ（CDS）は、社債の発行体企業や資金の貸出先などが倒産して、債権が回収できなくなるのを避けるためのものです。リスクの引き受け手（CDS の売り手）に保証料（プレミアム＝ CDS の価格）を支払う代わりに、対象企業が債務不履行になったら元本を保証してもらうという、オプション（選択権）の性質を持つデリバティブ金融商品のひとつで、債権が回収できなくなるのを避けるために保険をかけるような仕組みです。そのため、発行体の信用度が低下すれば、プレミアムも上昇することになります。

わが国で社債に格付けが導入されたのは 1985 年のことであり、CDS はこれと関連して、現在、国債や社債の信用度を図る尺度として市場が注視している重要な指標です。そして、この保証料率が上昇するときには、市場は信用リスクが高まっていると認識していることを示しています。保証料率が下がれば、投資家のリスク許容度が改善し、社債市場では国債との金利差（スプレッド）の縮小などの変化が見られ、信用リスクの評価が下がっていることを示しています。

ギリシャの財政危機による欧州の金融不安の問題でも、CDS の動きが注目されました。

「情報の非対称性」を減らすことです。また、デフォルトリスクの差異は、格付け格差を反映した銘柄間の利回り格差に現れ、とくに債券の中で最も安全な資産である国債との利回り格差であるイールドスプレッドが注目されます。このように、信用リスクの情報を提供する格付けは、証券市場において重要なものです。

また近年では、オプションの仕組みを利用して債券の信用リスクを売買する「クレジットデリバティブ」市場が拡大しています。クレジットデリバティブのうち、とくに近年注目されている「クレジット・デフォルト・スワップ（CDS）」についての説明は、コラムを参照して下さい。

証券市場における情報の効率性

前項では、証券市場での情報生産について格付けの必要性を指摘しましたが、それとともに、証券価格が関連する情報をどれだけ正確に反映しているかということも重要になってきます。本項では、証券市場の仕組みから少し離れて、証券市場での情報効率性という点について解説してみましょう。

市場参加者が情報集合を完全に知り尽くしていて新たに超過利潤を獲得できないとき、市場は情報に関して効率的といいます。このような議論は、市場で取引される証券価格に関する情報が、どれだけ証券価格に顕示されているかを問題にしているもので、「効率的市場仮説（EMH）」といいます。

効率的市場仮説の考え方には、市場が証券価格に関連する情報を反映する程度に応じて3つの異なる形式があります。

第1は、「ウィークフォーム（弱基準）」です。これは、証券価格が過去の価格情報をすべて反映するとき、ウィークフォームを満たすという意味で市場が効率的であるといいます。ほとんどの証券市場では、この意味での効率性は成立しているものと考えられています。

第2は、「セミストロング・フォーム（準強基準）」で、利用可能な公開情報が直ちに証券価格に反映されるとき、セミストロング・フォームを満たすという意味で市場が効率的であるといいます。この基準が満たされるときには、証券価格は関連する情報が発表されると同時に変化するという現象が生じます。具体的には、外貨の売買が活発に行われる外国為替市場は、このセミストロング・フォームの意味で効率的であるといわれています。

第3は、「ストロング・フォーム（強基準）」で、内部情報（インサイダー情報）すら市場価格が反映するとき、ストロング・フォームを満たすという意味で市場が効率的であるといいます。これは市場の効率性を考えるときに、最も強い効率性概念に相当します。このストロング・フォームの効率性が成立しているときには、その定義から明らかなように、インサイダー取引すら不可能なほど情報が市場価格に反映され機能していることを意味しています。そして、証券価格がその証券の性質をすべて反映して決定されれば、関連する情報は、すべての市場参加者に対して伝播することになります。

さて、このように証券市場の効率性を定義すると、証券の市場価格になんらかのシステマティックな変動パターンが存在していれば、投資家はそれを利用して超過利潤を得ることができるでしょう。しかし、市場が効率的市場仮説を満たしているとするならば、証券価格は時系列的にランダムウォーク（random walk）という確率的な性質の動きを示すことになります。

そして、新たな証券価格の変動は、関連する情報がすべて現在の市場価格に示されているがために、既に予想されている事態に関する価格の反応は価格に織り込み済みになっていて、市場参加者にはまったく予期されなかった現象やニュースが発生したときに限ってのみ価格変動が生じることになります。

また、証券価格が時系列データのひとつであるランダムウオークに従うときには、来期の証券価格の動きは、平均的には今期のものと一致し、このとき、投資家は超過利潤を得ることはできないという含意が得られます。と同時に、市場取引に無視しえない取引費用をともなうとすれば、それは市場の効率性の成立を阻害する要因となります。

このような効率的市場仮説が成立する場合、たとえば、株価はいわゆるファンダメンタルズ（基礎的条件）に基づいて決定されているとすれば、株価の変動は、市場で予想されなかったサプライズの事態が生じたときに発生することになります。ということは逆に、過去の株価の動きに基づくテクニカル分析（罫線）によって有意に利益をあげることができれば、そのときには株式市場は効率的ではないことになるのです。

また、同様な考え方は、株式市場と同様に関連情報に敏感に反応すると理解されている為替レートの動きを理解する際にも、適用されます。銀行間市場（インターバンク市場）のひとつである外国為替市場では、外国為替の売買が日々活発に行われており、為替レート水準の決定に関連する情報が開示されると、それが瞬時にして現在の為替レート水準に反映され価格変動が起きます。

たとえば、政策金利の引き下げという金融緩和への政策スタンスの変更は、もしそれが実現すれば通常の状況では市場金利全般が下落し、それにともなって為替レートが円安方向に振れる（減価）ことが予想されます。しかし、そうした政策変更が十分に市場参加者に行き渡っているとすれば、為替レートや市場金利はこの情報を織り込み済みであるといわれ、実際に政策金利が変更されても、その時点では為替レートや市場金利は何ら変化を生じないことになります。

こうした外国為替市場の効率性に関わる議論は、為替レートの「ニュース分析」と呼ばれていて、経済変数に関する情報の開示としてのニュースが為替レートの（短期的な）変動に有意に影響を及ぼすかを問題にしています。(2)

(3) 間接金融とは

間接金融とは、銀行などの金融仲介機関を通じた資金貸借関係をいいます。金融仲介機関が、資金調達を望む最終的借り手（企業）が発行する本源的証券を購入する一方で、金融仲介機関自らが「間接証券」を発行し、最終的貸し手（預金者）から資金を集める貸借関係が間接金融です。ここで金融仲介機関が発行する「間接証券」とは、具体的には、銀行預金、保険証書、投資信託証書などを指します。このうち銀行が発行する預金は、「間接証券」として資金仲介の機能をはたすと同時に、広く用いられる決済サービスを提供してくれるものです[3]。

また、金融取引は、現在所得と将来所得を交換するという異時点間にまたがる取引であって、将来における元利合計支払の受取にリスクをともなうとき、貸し手になんらかの危険負担が求められます。

金融機関が発行するこのような間接証券には、企業が発行する株式や社債などの本源的証券と比較して、次のような際立った特徴があります。

すなわち、第1は、返済や利子支払いが安全で確実な資産であること[4]、第2に、分割可能性が高いために、比較的小額でも購入が可能であること、第3に、流動性が高く、貨幣への交換が容易であることです。これらの説明から容易に類推できるように、これだけ望ましい性質を有する金融商品は、銀行預金以外には存在しません。

このように、安全で流動性の高い間接証券を作り出す金融仲介機関の独自の経済機能は、「資産変換機能（asset transformation）」と呼ばれます。

右にあげた3つの特性を有する間接証券が介在することによって、金融仲介機関が担う間接金融のメカニズムは、直接金融とははるかに多くの資金を貸し手から借り手へ導くことが可能になります。比較的借入期間（満期）の短い債務を発行して投資家から資金を集め、それを、借り手企業の発行する比較的満期の長い証券の購入に充てることを可能にするという特殊な役割です。

企業の資金調達の仕組みが国によって異なることを直接金融との関連でいえば、日本とドイツが間接金融優位のシステムをとり、借り入れに基づく資金調達の比率が高いことが知られています。

それでは次に、金融仲介機関（銀行）の経済機能を整理してみましょう。これには以下の3つがあります（堀内、1990）。

①規模の経済を利用したリスクの削減とリスク分散

間接証券の存在は、多様な資産へ投資を分散することでリスクを低下させるうえで有効です。個人の投資家ではこうした分散投資を行うには、それに必要な売買や債権の管理などに費用がかかり、かつ、何より専門的な知識が必要です。金融仲介機関は、自ら預金という間接証券を発行して投資家から資金を調達し、規模の経済を利用して保有する資産（＝貸出債権）を分散投資することによって安全性の高い資産を作り出すことが可能になるのです。

資産変換機能を通じて、金融仲介機関は、最終的貸し手（預金者）が負担するリスクを軽減し、流動性の増大を実現します。金融仲介機関は金融技術と専門知識を駆使して、満期変換にともなう金利変動リスクを管理していることになるのです。

②満期の変換：期間のミスマッチの調整

最終的貸し手（＝預金者）は、比較的短期の資産運用（保有）を望むことが多く、そのような主体にとって満期の長い株式や社債などの本源的証券は不便です。とくに、本源的証券は、将来売却が可能かどうか分かりませんし、さらに売却価格には不確実性が大きいという特徴があります。そのため、専門的な組織である金融仲介機関が供給する間接証券は、短期の資金運用（保有）を望む投資家のニーズに合致するものになります。

このように、満期変換の機能は、それにともなう金利変動リスクを金融仲介機関が負担していることを意味しています。

規制緩和以前の日本では、満期変換に対する規制として業務分野規制のひとつである「長短分離規制」が存在していました。この規制のもとでは、例えば、長期信用銀行は、企業の設備投資資金供給に向けて長期資金貸付に専門化していたため、銀行預金よりも長期の満期をもつ金融債を発行して資金調達することが可能でした。また、この金融債の表面金利をもとに、貸出金利の基準になる（長期）プライムレートが決定されていました。

③情報生産という働き

金融仲介機関は、借り手（企業）の信用度判定などの情報の収集・分析に専門的組織の優位性を有しています。とりわけ、借り手が企画している投資プロジェクトや信用の度合い

（creditworthiness）を審査することを、資金の借り手に対する「情報生産」といいます。

一般に、ミクロ経済学では、取引される財の品質について借り手と貸し手との間に情報の格差が存在するとき、これを解消するには2つの方法があると考えます。情報優位者（借り手）がみずから情報を発信するやり方（シグナル）と、情報劣位者（貸し手）がみずから調査・解析することで借り手に関する情報を獲得する方法（情報生産）があります。ここで考察している金融機関の独特な働きは、後者の情報生産という働きに対応しています。金融機関はこの情報生産機能によって、借り手の審査費用や担保設定などリスク管理に関わる経済費用の削減を図ります。

金融機関は、融資にともない審査と呼ばれる情報生産を行い、さらに融資後は預金者に代わって、企業を（代理）モニター（監視）するという重要な働きがあるのです。

銀行の種類と形態

銀行にはさまざまな形態があります。商業手形の割引をすることで資金の融資を行う銀行を「商業銀行」といいます。事実上証券会社と同じ機能を果たす銀行を「投資銀行」といいます。また、現在ドイツで採用されている、銀行と証券会社の双方の仕事をする銀行を「ユニバーサルバンク」といいます。

わが国の銀行の形態は、欧米諸国のそれとは異なっています。わが国では銀行は、普通銀行と呼ばれます。この他に、大都市に主に営業を行う都市銀行、地方都市を中心に営業活動を行う地方銀行、同じく地方都市を中心とするもので以前の相互銀行である第二地方銀行、主に金融債で資金調達をして企業の設備投資資金などの長期資金の融資に特化していた長期信用銀行、中小企業に融資する中小企業金融機関である信用金庫、信用組合、農林漁業金融機関などから構成されています。

近年わが国では、都市銀行のうちとくに資金量の多い銀行がメガバンクのグループを形成しています。

この他の金融機関として、保険会社（生命保険、損害保険、第3分野保険など）、預金以外から資金を集めて融資を行うノンバンク（消費者金融、リース他）、新興企業であるベンチャー企業に融資を行うベンチャーキャピタル、株式や社債などの有価証券の売買などに携わる証券会社、金融市場で資金の仲介役をしている短資会社などが、それぞれ金融市場で重要な役割を果たしています。

さらにわが国では、このような民間金融機関の他に、民間金融機関では融資ができないプロジェクトに政策的観点から融資を行う政府系金融機関（例えば日本政策投資銀行、国際協力銀行など）があり、これらは公的金融あるいは政策金融と呼ばれます。また、ＩＴ技術を駆使した決済専門銀行（ネット銀行）などもあります。

銀行業務の種類

伝統的な金融論の理解では、銀行が果たす経済機能に、①資金仲介、②信用創造、③資金決済、の3つがあるわけですが、ここではとくに固有業務の他に新しいタイプの銀行貸出について簡単に触れておきましょう。[5]

銀行の業務には、

(i) 固有業務である預金（受信業務）、貸付（与信業務）、為替（決済業務）

(ii) 付随業務である債務保証、社債の募集委託、手形引き受け

(iii) 周辺業務であるクレジットカード業務、リース、信用保証

などがあります。

とくに銀行が行う与信業務には、手形割引、手形貸付、証書貸付などがありますが、近年、このほかにも新しいタイプの貸出が行われるようになっています。それらを簡単に紹介しておきましょう。

①コミットメントライン契約

顧客と銀行が予め契約した期間・融資枠の範囲内で、顧客の請求に基づいて、銀行が融資を実行することを約束（コミット）する契約です。

②シンジケートローン（協調融資）

シンジケートローンとは、借り手の資金調達ニーズについて複数の金融機関がシンジケー

ト団を結成し、同一の条件・契約に基づいて融資を行う手法です。金融機関の側からすると、協調融資によって1行あたりの融資額が少なくなり、負担するリスクを減らすことができるメリットがあります。

③プロジェクトファイナンス
借り手企業の信用力とは別に、プロジェクト自体から生じるキャッシュフローをもとに、融資に関する意思決定を行う方法です。融資に対する返済の原資が、当該プロジェクトから発生するキャッシュフローに限定されるものです。

3　わが国の金融システムの特徴

⑴ わが国の金融構造

近年わが国の金融構造がどのように変化しているかを概観してみましょう。そのためにはまず、戦後から高度経済成長期までのわが国の金融システムの特徴を整理することから始めましょう。

戦後復興から高度経済成長を実現した１９７０年代までのわが国では、日本全体の金融システムは恒常的な資金不足の状態にありました。このため、日本銀行が銀行に資金（ハイパワードマネー）を供与し、銀行がこれを企業に貸し出すという間接金融方式が支配していました。高度経済成長後も、わが国では概ねこの間接金融方式が維持されました。信用度の高い主要な大企業は、国内外の資本市場で株式・社債などを発行することで資金調達することができるようになったにもかかわらず、銀行の数は減りませんでした。

このようなわが国の金融システムの特徴をつかもうとするとき、戦後の金融システムを４つのキーワードで概観することができます（寺西、１９８２）。

第１は、「間接金融優位」であり、資金の流れが金融資本市場を通じるものよりも、金融仲介機関（銀行）を通じる方が主であったことであり、銀行などの金融機関を経由する資金供給が圧倒的であったことをいいます。

第２は、「オーバーローン」であり、銀行が常に与信超過の状態にあり、かつ、銀行が融資資金の大部分を日銀借り入れに依存していた状態を指しています。

第３は、「オーバーボローイング」であり、借り手企業の資金調達が専ら銀行借入に依存していたことをいいます。

第４は、「資金偏在」であり、恒常的に与信超過である都市銀行と受信超過である地方銀行・相互銀行・信用金庫などに民間金融機関が二極化していて、これら両者がインターバンク（銀行間）市場において、地銀などから都市銀行への一方的な資金の流れが定着していたことをいいます。

このような金融システムの類型化とともにわが国では、金融機関に対してさまざまな競争制限的規制体系が敷かれていました。この規制体系には、業務分野規制、金利規制、参入規制、内外市場分断規制（為替管理）、店舗規制、有担保原則、などが定められていました。そして、護送船団方式と呼ばれるように、最も経営効率が悪い金融機関でも破綻しないような金融制度が構築されていたのです。

これらの規制措置のうち、業務分野規制は、(i)銀行と証券の分離、(ii)長期金融と短期金融との分離、(iii)銀行と信託の分離、などから構成されていました。金融機関の垣根を作っていた業務分野規制は、資本蓄積が充分でなかったわが国の経済の発展に対して、まず資本市場の拡充よりも銀行を中心とする金融取引（とく商業銀行業務）が先行する仕組みが選択されたことを意味していました。また、金利規制では、金融機関の資金調達ならびに運用金利を勘案したのち、各種の預金金利や貸出金利、公社債の発行条件などが、金融行政当局を含めた協議によって定められていました。

このような規制措置の体系の他に、専門金融機関制度と公的金融（財政投融資、政府系各種銀行、公庫、郵貯ほか）との並存という点も指摘できます。

ところで、１９８０年代以降わが国では、フリー、フェアー、グローバルを標榜する日本版ビッグバンと呼ばれる金融自由化の流れのなか、企業の銀行離れ（フィナンシャルディスインターミディエーション）が起きて銀行依存度が低下し、金融資本市場からの調達が盛んに行われるようになりました。企業はエクイティファイナンス（新株発行を伴う資金調達）を積極的に行い、財務体質の良好な企業は、自由に資金調達を行うことが可能になりました。このため、格付けの高い優良企業は、銀行からわざわざ借入を行わなくとも低い金利で市場から資金調達が可能になり、例えば、無担保約束手形で、現在は短期の社債として利用されるＣＰ（コマーシャルペーパー）の利用が１９８７年からできるようになったことで、短期資金の調達も容易になりました。

さらに、自己資本の増加につながる株式発行（増資）や、転換社債やワラント債など、オプションの性格を持つ社債が１９８０年代には多く発行されました。企業はまた、財テクと称して資金運用を盛んに行っていきました。一方、金融市場の整備と自由化の進展によって、銀行も自由金利での資金調達割合が増し、これに対応してスプレッド貸出が増加しました。

企業のこれまでの資金調達パターンが変化し、また株式持合いが解消される傾向やメインバンクシステムが後退したこと、さらに、機関投資家の役割が上昇し、また金融技術革新の進展（証券化や金融派生商品、デリバティブ）などの特徴を指摘できます。

これらの変化は、いずれも日本の金融システムを、間接金融である銀行型金融システム（bank-based financial system）から直接金融へ、あるいは第４節で解説する市場型間接金融と呼ばれる市場型金融システム（market-based financial system）へ変化させるものであることを意味しています。

(2)金融の自由化と国際化

ここでは、わが国の金融自由化・国際化の過程を概観しておきましょう。[6]

わが国の金融自由化は、欧米諸国よりもおよそ10年程度遅れていたといわれており、金融システムの国際競争力の低下が懸念されていました。

1980年代以降、規制は順次撤廃されていき、わが国では1985年から銀行の預金金利の自由化が始まり、1994年には金利の完全自由化（流動性預金金利の自由化で終了）などの金融制度改革が行われてきました。それとともに、貸出金利も次第に市場金利に連動するようになり、例えば、最優遇貸出金利といわれるプライムレートが導入されたことから、貸出金利でも自由度が拡大しました。

これら金利の自由化傾向は、石油ショック以後の国債の大量発行によって生じた金融市場の拡充と競争の拡大が背景にありました。短期金融市場の多くが創設されたのも1970年代から1980年代の時期であり、1970年に手形市場、1979年にCD（譲渡性預金）市場、1986年にオフショア市場、1987年にCP市場が、それぞれ創設されました。

新外為法（1980年）によって、金融の国際化のプロセスが開始し、日米円ドル委員会での自由化のスケジュールでは、①預金金利の自由化、②金融市場の整備・充実、③内外市場の一体化、④外銀の対日アクセス、⑤ユーロ円の自由化、などが決められました。金融制度改革法（１９９３年）では、業態別子会社による相互参入が認められました。

　東京市場をフェアー、フリー、グローバルな国際金融市場にしようとする１９９６年から始まった「日本版金融ビッグバン」では、証券市場の改革、内外資本市場の全面的な自由化、銀行業務に対する規制のさらなる緩和などが広範囲に行われました。

　日本版金融ビッグバンで実現した具体的な項目を列挙しておくと、①改正外為法：為銀主義の廃止と外為業務の自由化、②金融持株会社の解禁、③参入自由化：金融持株会社による相互参入（全面的にすべての企業の金融分野への自由参入）、④証券改革として株式売買委託手数料の完全自由化（１９９９年）や証券会社の登録制への移行、⑤会計ビッグバンによる時価会計、連結会計の導入、⑥規制改革として、証券取引等監視委員会（１９９２年）、金融監督庁（１９９８年）、さらに金融庁（２０００年）の発足、などです。これらの措置により、２０００年までに数多くの規制緩和が行われました。

4　市場型間接金融

　「市場型間接金融」は、わが国において始まった金融ビッグバンを貫く基本理念として、当時の大蔵大臣諮問機関である金融制度調査会が打ち出したもので、その後のわが国の金融資本市場の再構築に影響を与えたものです。以下に説明するように、市場型間接金融は、言わば直接金融と間接金融の中間に位置する金融方法です。これを簡単な図式で表現すると、次のようになるでしょう（池尾、2006）。

先に定義を与えた間接金融は、金融仲介機関が最終的な資金提供者（A）と最終的な資金調達者（B）を直接繋ぐ仕組みであり、都銀（資金の取り手）と地域金融機関（資金の出し手）のように、金融仲介機関内部で分業構造が成立する場合もあります。

市場型間接金融は、金融仲介機関が、最終的な資金提供者（A）及び最終的な資金調達者（B）と市場を繋ぐ場合であると考えられ、最終的な資金提供者から資金を集めてきてそれをマーケットに繋ぐ形（タイプⅠ）と、資金調達者が発行した金融商品等をパッケージ化してマーケットに提供する形で、市場の資金を最終的な資金調達者に提供するもの（タイプⅡ）が考えられています。

直接金融の仕組みを取り込んだ市場型間接金融の仕組みが導入されることで、銀行が企業に融資するという点では間接金融と同じではあっても、銀行の融資資金が預金だけに依存するのではなく、CD（譲渡性預金）、コマーシャル・ペーパー（CP）、銀行社債など、いわゆる市場性資金と呼ばれるものが積極的に取り入れられることになったことが指摘できます。一方、貸出債権を証券化して投資家に転売し、リスクを投資家に転嫁する（例えば、資産担保証券など）やり方がとられることになりました。このように説明される市場型間接金融は、多数の市場参加者によって幅広くリスクが配分される仕組みでもあり、広義には、投資信託や証券化商

図１　市場型間接金融

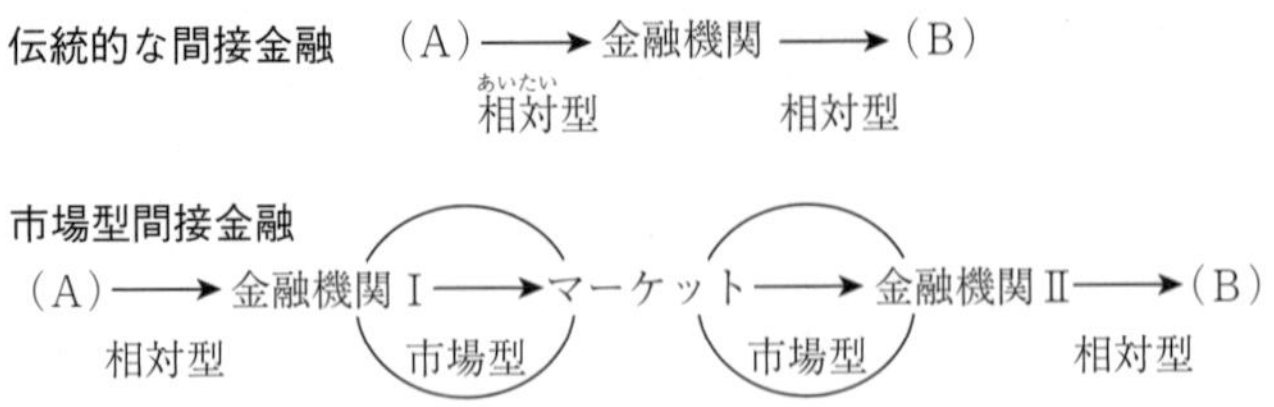

※矢印は資金の流れを示す

出所：池尾（2006）。

品なども含まれます。

市場型間接金融が拡大してきた背景には、ひとつには、伝統的間接金融システムのもとで、バブル崩壊以後膨大な不良債権を抱えた銀行部門に集中するリスク量が増大してしまい、銀行部門の自己資本が毀損してしまったことが指摘できます。

金融システムが高度に複雑化した日本経済において、信頼できるシグナルとしての価格情報を利用可能にするためにも、今後は市場型の金融システムを健全に拡大させていくことが求められるでしょう。

5　証券化（セキュリタイゼーション）

(1)証券化とは

証券化とは、企業のファイナンス手段が証券形態（株式や社債）にシフトし、間接金融との対比で金融資本市場を通じる資金流入が増えることを指すこともありましたが、最近は、市場性に乏しい債権を流動化するため、貸出債権を担保に新たに証券を発行することや、企業や金融機関がそのバランスシート構造の健全化を図るため、積極的に資産項目にある債権各種を、さまざまな方法で処理して財務構造を改善・強化することをいいます。

より具体的にいえば、企業などが保有する資産をオフバランス化（帳簿外）して切り離し、その資産が生み出すキャッシュフロー（金融的収益）を支払い金の原資に充てる金融商品を発行して売却することです。こうした証券化の進展により、貸出債権を流動化することで金融仲介機能の分化（アンバンドリング）という現象が発生することになります。

証券化は、企業の資金調達や家計の資産運用が市場で流通することを前提とする証券形態で行われることを意味していますので、その結果、金融取引は相対型から市場型へと変化していくことになります（これをフィナンシャル・ディスインターミディエーションともいいます）。言い換えれば、証券化することは、特定の資産を資産所有者から分離して売却することになり、資産そのものではなく証券として売却することが可能になるわけです。

このように、証券化というプロセスによって資産項目を企業のバランスシートから除き、オフバランス化してバランスシートを身軽にする手段は、また新しい証券の作成にも繋がります。

証券化という経済活動は、初めはアメリカ経済で発生した企業財務構造の変化や銀行の新しい行動形態の特徴として理解できるもので、わが国でも近年、証券化商品残高が徐々に拡大しています。

こうした証券化が進展した背景には、次のような点が指摘できます。

第1に、金融自由化による金利変動が増大したことにより、銀行の運用・調達のミスマッチによる金利リスクが増大したことです。

第2に、BIS（国際決済銀行）の自己資本比率規制により、銀行は不良債権を減らすために、バランスシート（貸借対照表）上で資産を圧縮する必要性が高まったことです。

第3に、資本市場や格付けなどの環境整備がなされたことです。

第4には、信用リスクの評価、移転、再構築などが、金融技術の発展によって可能になり、一方で、投資家のリスク負担能力が増大したことも言えましょう。

こうした証券化により、売り手は、資金調達コスト削減とリスク移転を行うことができ、また、資産売却が容易になったため、オフバランス化する形での資金調達方法であるアセットファイナンスが可能になるのです。

繰り返しになりますが、証券化により、金融取引がこれまでの相対型から市場型へ変化していくことが考えられます。すなわち、金融仲介機関が果たしてきた伝統的な仲介機能が分解される、アンバンドリング現象が指摘されます。

企業が資金調達を行うときには、内部資金、負債（銀行借入、社債など）、増資という順番で行われるという「ペッキングオーダー理論」という仮説があります。おそらく、この仮説が示すように、資金需要が高まっていくにつれて市場からのファイナンスが増えていく傾向があるようです。

(2)証券化の手法

説明が順序しますが、証券化は次のようなプロセスによって行われます。

まず第1に、キャッシュフローが得られるもの（例えば、住宅ローン、自動車ローン、貸付債権、商業用債権など）である原資産を選定し特定化すること、ならびに債権をプーリングすることです。

第2は、選定された原資産を債権譲渡することで、原資産の保有者（オリジネーター）による対象資産の別法人への売却が行われます。この法人をとくに特別目的会社（ＳＰＣ）といいます。確率論の大数法則（law of large numbers）によってリスク分離や倒産隔離が期待されます。

第3は、証券化商品の設計、発行、販売、格付け、保険の付与が行われます。最後に元利払いが行われます。

図２　証券化の仕組み

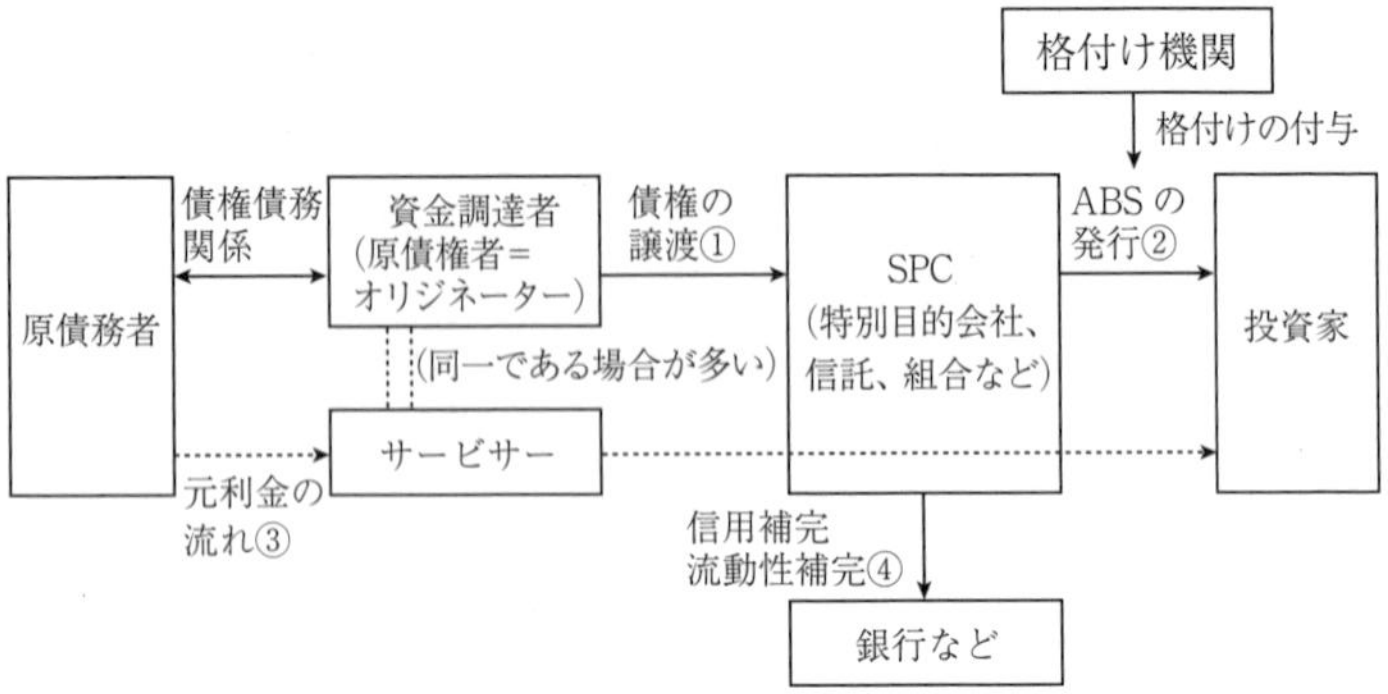

出所：古川（2002）。

(3) 証券化商品の種類

証券化商品は、債権や不動産などの資産が裏付けになっていて投資家がこれから配当や利子を受け取れる有価証券です。そしてこれには、不動産ローンを対象資産とするモーゲージ証券（ＭＢＳ）と、それ以外のものを対象とする資産担保証券（ＡＢＳ）とに区分されることが多いようです。

わが国の代表的な証券化商品には、現在以下のようなものがあります。

①モーゲージ証券（ＭＢＳ）：住宅ローン債券を担保（裏付け債権）とする証券。

②商業用不動産担保証券（ＣＭＢＳ）：不動産向け融資を担保とした証券。

③ＡＢＣＰ（Asset Backed CP）：資産を担保に発行されるコマーシャルペーパー。

④ローン担保証券（ＣＬＯ）：多数の貸付債権を集め

てプールしそれを担保したもの。
⑤債券担保証券（CBO）：社債などの債券を集めてそれを裏付け資産として発行するもの。
⑥債務担保証券（CDO）：一般の貸付債権、社債や証券化商品を裏付け資産とするもの。
⑦リート（REIT）：不動産投資信託、投資家から集めた資金で不動産を購入し、賃貸収入や売却益を配当として分配する商品。

わが国では、本格的な証券化に向けた法整備が、リース・クレジット債権を対象とするABSから開始され（特定債権法（1993年））、さらに、対象となる債権を拡大し、不動産が対象のMBSも可能になるなど（SPC法（1998年））、証券化に必要な法的基礎が整ってきました。

それでは、このように理解される証券化にはどのようなメリットがあるのでしょうか。ここではそのメリットを、通常指摘される4つのポイントに整理しましょう（古川、2002・大橋、2009）。

第1は、証券化により、当該企業の信用度ではなく、分離された資産そのものの信用力をベースに資金調達が可能になることです。これにより、企業は資金調達コストが削減可能になることが考えられます。

第2に、資産を証券化することで帳簿上からオフバランス化することができるため、その売却で、さらに負債の圧縮、自己資本比率などの財務指標が改善可能になります。第3は、不動産の証券化では、債権の小口化や流動性の付与ができるので、さらに売却が容易になることが期待されます。

第4は、企業にとっての資金調達を円滑にし、実物投資を促進する効果が期待されることです。また、証券化商品の買い手である投資家にとってみると、新たな投資機会が与えられることに繋がります。

6 結びにかえて

本章では、金融論のいくつかの概念を提示しながら、わが国の金融システムについて概観してきました。ここで最後に現在わが国の金融システムの抱える諸問題を指摘しておきましょう。

まず第1は、サブプライム問題に端を発するリーマンショックによる信用不安や、先進諸国の金融規制の改革です。

前者のサブプライム問題は、アメリカの証券化商品の格付けが原因となって発生した世界的な金融危機で、われわれの記憶に新しいものです。後者の金融規制の問題では、マクロプルーデンス政策などの規制の在り方の変容と、公的資金注入の議論がありました。規模の大きい金融機関が経営破綻した際には、その対応策として、大きすぎて潰せない（TBTF, Too Big to Fail）という論点と、それに関連する早期是正措置などの銀行規制措置について、さまざまな議論が行われました。２０１０年7月には、アメリカで金融規制改革法案（ドッド・フランク法）が成立し、国際的な金融監督の強化に関して、G20やＦＳＢ（金融安定理事会）などで議論が行われました。バーゼル銀行監督委員会では、健全経営規制のひとつであるＢＩＳ規制（銀行の自己資本比率に関する規制）改正に向けて検討が行われています。

第2は、バブル崩壊後のゼロ金利政策や量的緩和、さらに包括的緩和政策などにみられる非伝統的金融政策です。バブル崩壊後の長引く景気低迷により激変する金融環境に対し、日本銀行は、金融緩和政策を長く持続してきたため、歴史的な低金利の状態にあります。70年代以降、金融政策の課題はもっぱらインフレーションでしたが、現代の金融政策に課せられている課題は、デフレからの脱却と度重なる金融危機（financial crisis）の克服です。これは世界の先進諸国にも共通している点です。またそれとともに、金融緩和にともなって中央銀行のバランスシートが膨らんでいることも懸念されます。金融緩和措置により国債買い入れなどを積極的に進めてきたため、国内総生産（ＧＤＰ）に対する日本銀行の資産規模は、およそ3割近くにも達しています。日米欧英の主要四中銀の総資産は、この四年でほぼ倍増しました。

第3は、巨額の財政赤字（赤字国債発行）と財政の維持可能性の問題です。政府が国債の返済ができなくなりデフォルトを起こすと投資家が判断すると、国債が売られて国債価格の暴落と金利の上昇が起き、それと同時に、ソブリン格付けが引き下げられるものと考えられます。さらに、現在わが国では実現可能性は低いですが、中央銀行による国債引き受けとハイパーインフレが起きる可能性が指摘されるようになりました。財政赤字の維持可能性（サステイナビリティー）の問題が、金融システムの維持にとっていかに重要であるかは、ＥＵ内のギリシャやイタリアをはじめとする欧州諸国の政府債務問題に起因する信用不安の発生から明らかです。これらの国では、国債の格付けが引き下げられました。また、ギリシャやイタリアの国債を多く保有するヨーロッパの銀行の財務状態の健全性が懸念されたことから、銀行同士が資金を取引する市場の金利であるＬＩＢＯＲ（ロンドン銀行間取引金利）が上昇しました。こうした事態により、今後ユーロという統一通貨圏そのものの維持ができるかどうかが懸念されています。２００８年のリーマンショックのときよりもより深刻な金融危機に陥る可能性すら、指摘されています。

また、財政部門の赤字は、マクロ経済学の入門で学習するように、一国経済の貯蓄投資バランスにも関連しています。少子高齢化による家計貯蓄率の急激な低下と、財政赤字が拡大しているという現象は、日本のマクロ経済を考察するに当たって重要なポイントです。もっともわが国では、国債のほとんどが自国民によって保有されている「ホームバイアス」と呼ばれる傾向があるので、財政破綻が直ちに発生するとは考えられていないようですが、いずれにせよ、欧州の金融危機を見るとき、わが国の財政赤字はできるだけ速やかに解消されるべき課題です。

本章の最後に、これまでの議論から、いくつかの含意を提示しておきましょう。

第1に、いずれの国においても金融システムは社会性や公共性が高く、その中核となる金融機関の役割は依然として大きいものです。そのため金融機関は、長期的視野に立ち、情報生産機能を活発に行うことによって信用リスクの引き受けを担い、なおかつ、健全なバランスシートを維持することが求められるものと考えられます。

第2に、証券化の進展は、従前までの業態の垣根を壊し、金融市場という側面から再構成することに繋がるという意味で、今後の金融システムの行方を左右する重要なものであります。証券化商品を売却して新たなファイナンスをしてリスクを移転する方法をＯＴＤ（Originate to Distribute）モデルといいますが、２００８年に発生したサブプライム問題による金融危機の教訓として、証券化の利点を活かすためにも投資家がリスクを的確に把握しておくべきであるということと、リスクの評価をできるかぎり正確に行うことの重要性が指摘されました。

第3に、社債・ＣＰ市場、証券化市場、さらに、信用リスクを取引する市場であるクレジットデリバティブ市場等を総称したものを「クレジット市場」といい、さまざまなリスクを取引する市場を指します。今後わが国では、これらクレジット市場の健全な発展が望まれます。

〈注〉

(1)現在は取引所以外にも、私設取引所(PTS)において売買を行うことが可能です。私設取引所は、証券会社が取引所を通さずに顧客から注文を処理するシステムを総称するものです。

(2)為替レートの決定理論では、超短期はこのニュース分析で決まると考えます。さらに短期では、内外資産の収益率の同時決定を仮定するアセットアプローチが採用され、それよりも長い時間経過を考える長期では、それぞれの国の通貨の購買力が等しくなるように為替レートが決まるとする購買力平価説(PPP)がそれぞれ成立していると考えます。

(3)決済手段として重要な機能を果たす銀行預金は、中央銀行が作成するマネーストック統計において大きな割合を占めています。また、わが国における代表的な決済システムである全銀システムや日銀ネットなどの決済システムについての解説は、例えば中島・宿輪(2009)を参照して下さい。

(4)わが国ではさらに、信用秩序維持政策(プルーデンス政策)にもとづく預金保険制度が存在するため、銀行が経営破綻した場合には、預金者は1000万円までの預金の元利払い戻しの保証がともないます。

(5)全銀協(2010)『図説わが国の銀行2010』などを参照して下さい。

(6)日銀(1995)『新版わが国の金融制度』、鹿野(2006)『日本の金融制度』など参照して下さい。

〈参考文献〉

池尾和人編(2004)『入門金融論』(ダイヤモンド社)
池尾和人編(2006)『市場型間接金融の経済分析』日本評論社
大橋和彦(2009)『証券化の知識(第2版)』日本経済新聞社
鹿野嘉昭(2006)『日本の金融制度(第2版)』東洋経済新報社

全銀協（２０１０）『図説わが国の銀行２０１０』財経詳報社
寺西重郎（１９８２）『日本の経済発展と金融』岩波書店
中島真志・宿輪純一（２００９）『決済システムのすべて（第２版）』東洋経済新報社
日本銀行金融研究所（１９９５）『新版わが国の金融制度』日本信用調査株式会社
古川顕（２００２）『現代の金融（第２版）』東洋経済新報社
堀内昭義（１９９０）『金融論』東京大学出版会

第6章　わが国の財政の何が問題なのか

中野英夫

1　はじめに

わが国の財政は、今や将来の破綻も懸念される深刻な状況にあります。国と地方の長期債務残高は、２０１１年度末で約９０６兆円に達し、対ＧＤＰ比で２００％に及ぶ水準です。これに政府短期証券を合わせた債務の合計はゆうに１０００兆円を超えており、平時にこれほど多額な債務を抱えた国は他の主要国でも例がありません。

未踏の地ともいえる領域に足を踏み入れたわが国財政は、今後破綻に向かうのか、あるいは健全化の軌道へ針路を進めるのか。先行きの見通しは楽観できませんが、ただ、日本の財政はもはやこれ以上の赤字拡大を許容する状況にはなく、今後の財政再建の取り組み如何によっては、ヨーロッパのギリシャ、イタリアが経験した債務危機に陥ることも起こり得ないことではありません。

なぜ国の債務累増に歯止めがかからないのか、そしてこの危機をどう克服すべきなのか、これまでのわが国の財政の歩みを振り返りながら、今後の財政健全化の方向性を考えてみます。

2　低成長、債務累増下の日本経済

はじめに、赤字が拡大するわが国財政の現状を振り返ってみます。図1は、国の一般会計の歳出と歳入の推移をみたものです。歳出額は、過去ほぼ一貫して増加を続けています。一方、歳入である税収については、当初は歳出と歩調を合わせるように順調に増加しましたが、1990年度の60・1兆円をピークに、その後減少に転じました。近年は景気の低迷を反映して、税収はさらに大幅に減少しています。こうした90年代から顕著になった歳出と税収の対照的な動きにより、国債発行の規模が毎年拡大しています。とくに、税収が38兆円にまで落ち込んだリーマンショック後の2009年度予算では、国債発行額は52兆円を記録し、国債発行額が税収を上回る事態となり、財政を取り巻く状況は厳しさを増しています。

わが国が戦後初めて国債を発行したのは、「40年不況」と呼ばれる不況に見舞われた1965年に遡ります。この年の補正予算で、政府は、それまで堅持してきた国債を財源としない財政均衡主義を放棄し、戦後初めて赤字国債（特例公債）の発行に踏み切りました。また翌年度からは、公共事業費をその使途とする建設国債（4条公債）を毎年発行するようになり

図1　国の一般会計における歳出・歳入の状況

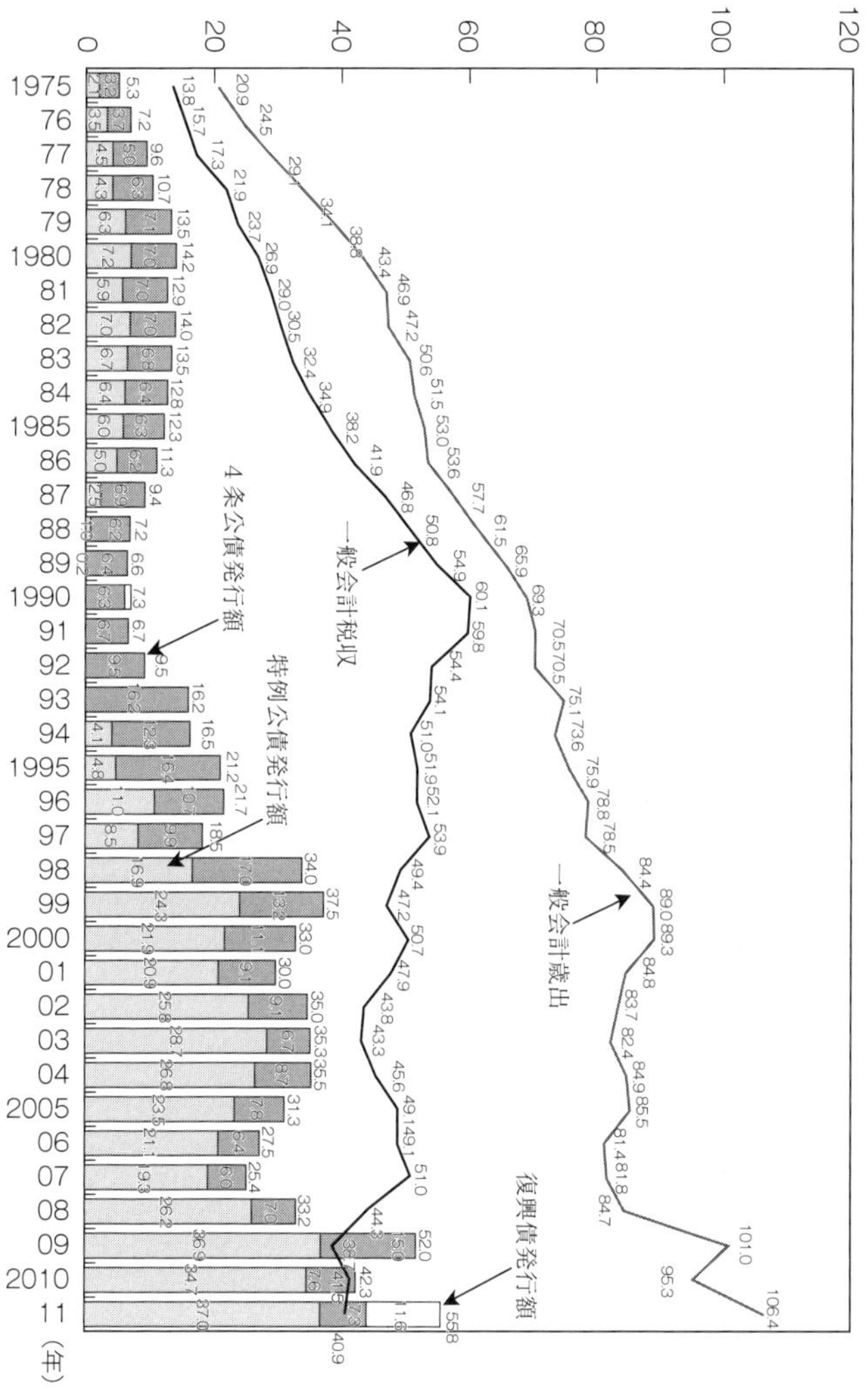

資料：日本の財政関係資料　平成23年11月　財務省。

図2　国と地方の債務残高、名目GDPの推移

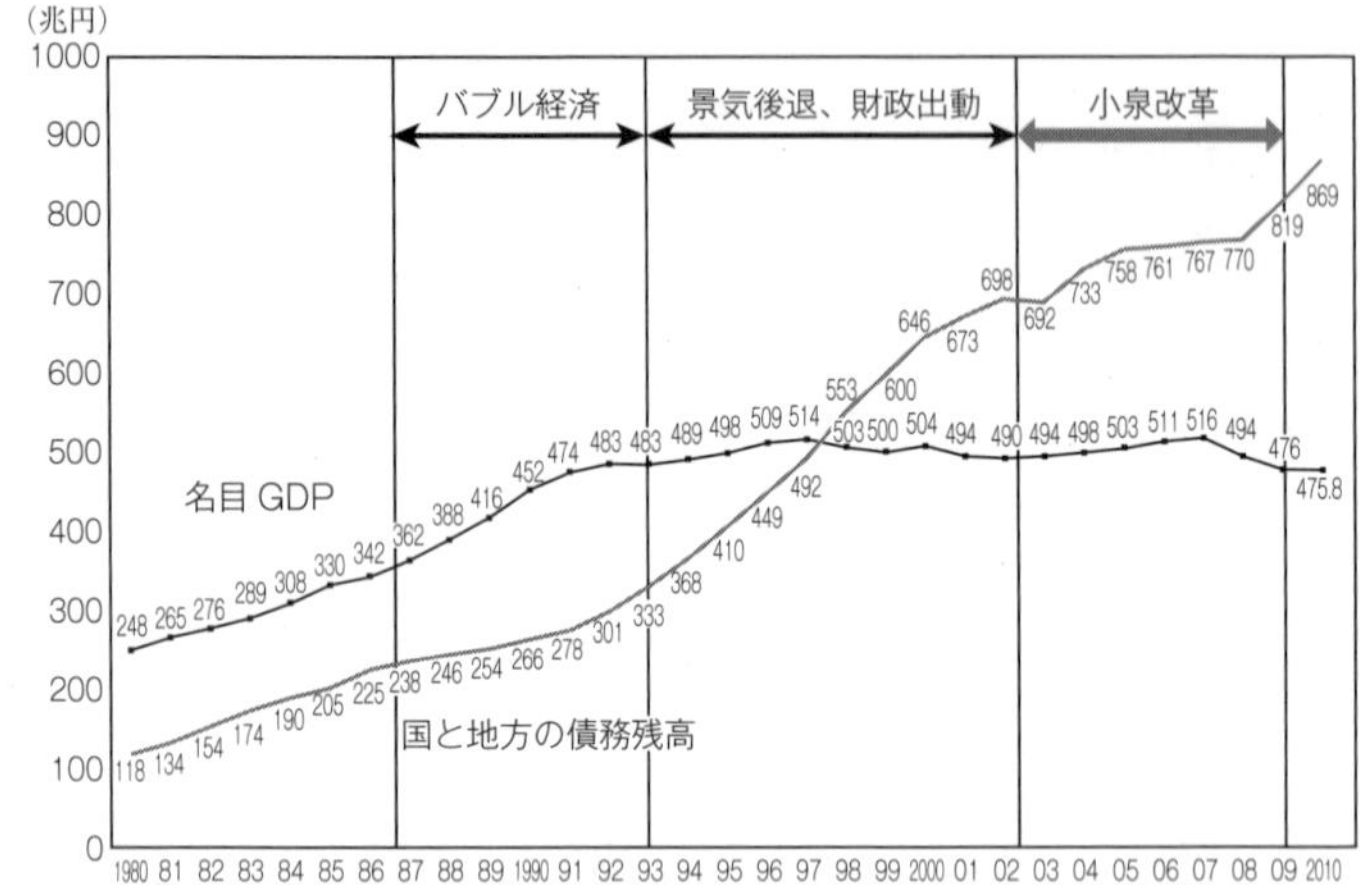

資料：財務省HP「国民経済計算」（2009年度版）より筆者作成。

ました。

その後の景気回復によって、赤字国債の発行は1965年度の1年で終わり、それ以降は行われなくなりました。しかし、1973年の第一次石油ショックによって、深刻な歳入不足に陥った政府は、1975年度予算において再び赤字国債の発行を余儀なくされました。

1970年代から80年代にかけては、道路、鉄道、港湾など産業を支えるインフラの整備、また老人医療費の無料化実現など、社会資本整備や福祉の充実を求める声を反映して、一般会計の歳出が歳入を上回る規模で増加しました。そのため国債の発行が急速に拡大し、歯止めが掛からない状況となりました。図2は、国と地方の債務残高と名目GDPの推移を見たものです。118兆円に過ぎなかった1980年度の国と地方の債務残高は、毎年20兆円近いペース

で増加を続け、1985年度には200兆円の大台を突破しました。財政の急速な悪化はもはや放置できない問題となり、財政再建の実現が、政府に求められる最優先の課題となりました。

財政が好転し、その赤字の拡大に歯止めが掛かったのは1990年代の初め頃です。1980年代後半、バブル経済と呼ばれる資産価格の高騰により税収が大幅に増加したことが収支の改善に寄与しました。また国の歳出抑制の取り組みもあって、1991年度の一般会計予算において、赤字国債発行からの脱却に成功しました。

しかし、バブルの崩壊後、日本経済は「失われた20年」といわれるゼロ成長の時代を迎えます。これはわが国の財政にとっても大きな転換点となりました。この間、デフレが進行し、税収の低迷が続くなか、景気回復を目指す政府は、財政健全化を先送りし、歳出の抑制から財政出動による歳出拡大へと政策の転換をはかりました。1994年度予算において再び赤字国債を発行して以降、後述するようにその後の数次の景気対策により、国債発行額は増大の一途を辿りました。

この「失われた20年」による景気低迷は、国の債務の問題に拍車を掛けています。図2にあるわが国の名目GDPは、1980年代まで右肩上がりに上昇していましたが、1990年頃からほぼ20年間にわたり、ほぼ横ばいに推移しています。このため債務残高の対GDP比率は、この20年の間で急激に上昇しています。わが国の財政問題の深刻さは、毎年の赤字の規模もさることながら、ＧＤＰが伸び悩む中で、国の債務だけが増大し続ける点にあります。

3　1000兆円を超える政府債務累増の原因は何か？

数次の景気対策と公共事業

財政赤字の問題は、日本だけの問題ではありません。最近は、ギリシャやイタリアなど欧州の債務問題をはじめ、世界各国でも債務問題は深刻さの度合いを深めています。図3は、ＯＥＣＤ各国の財政収支と債務残高をグラフに表したものです。ギリシャ、アイルランドの財政赤字は対ＧＤＰ比で14％近い水準にあります。債務残高の対ＧＤＰ比が１００％を超える国は、日本以外にもギリシャ、アイスランド、イタリア、ベルギーがあり、それぞれの国は難しい財政運営を強いられています。

しかし、日本の債務残高は対ＧＤＰ比で２００％に迫る水準にあり、他国と比べても群を抜いて高いことが分かります。なぜこれほど日本の債務は増加したのでしょうか。

債務増大の原因については、景気対策としての財政政策の役割が挙げられます。

戦後、日本は長期にわたる経済発展を遂げました。しかし、その発展の過程において、内外の経済環境の変化により様々な困難に直面しています。高度経済成長が終えんを迎えた１９７０年代の石油危機、１９８５年のプラザ合意以降の急激な円高進行による円高不況、そ

図３　財政収支、政府債務残高の国際比較（2009年）

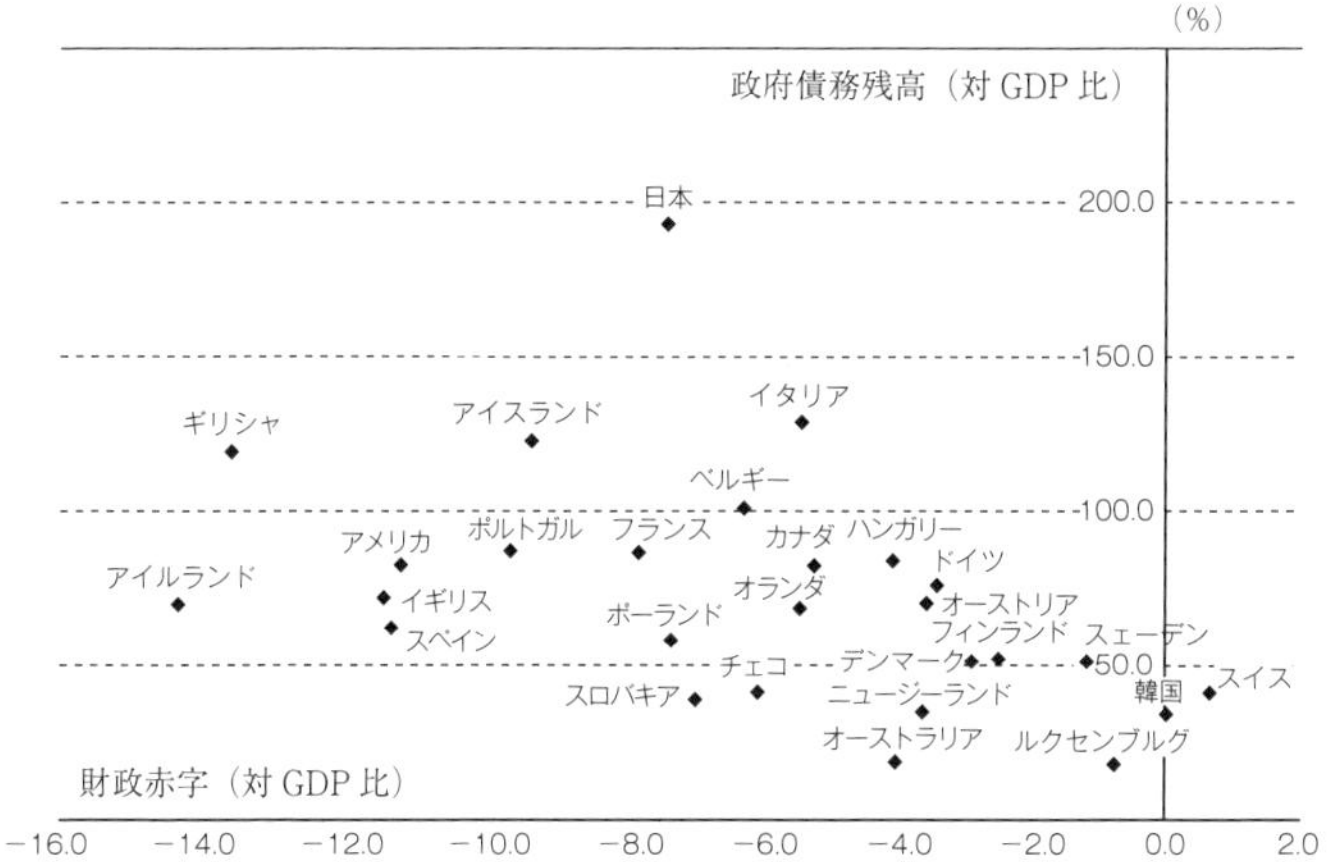

出所：OECD, *Government at a Glance* 2011.

して１９９０年初頭の資産バブル崩壊後の長期にわたる景気低迷です。

一度不況に直面すると、政府はケインズ政策、あるいは財政出動と呼ばれる拡大的な財政政策を積極的に行いました。表１は、１９９０年代に行われたわが国の経済政策です。10年にも満たない間に、景気対策が集中的に行われました。主要な経済対策として、１９９２年８月の総合経済対策（宮澤内閣）、１９９８年の緊急経済対策（小渕内閣）などがあり、総じて後半に実施される景気対策ほど事業規模も大きくなっています。

ケインズ政策によって景気を浮揚するには、減税を行うか、あるいは歳出を増やして需要を創出する必要がありますが、表１から分かるように、政府が重視したのは、減税ではなく歳出拡大でした。

表1　1990年代以降の経済対策

（兆円）

名　称		内閣	公共事業関係	減税関連	中小企業対策	その他	事業費総　額
1992年８月	総合経済対策	宮澤	8.6		1.2	0.9	10.7
1993年４月	総合的な経済対策の推進について	宮澤	10.6		1.9	0.5	13.2
1993年９月	緊急経済対策	細川	5.1		0.8		6.0
1994年２月	総合経済対策	細川	7.2	5.8	1.3		15.2
1995年４月	緊急・円高経済対策	村山	5.1		1.4		7.0
1995年９月	経済対策	村山	12.8		1.3		14.2
1998年４月	総合経済対策	橋本	7.7	4.6	2.0	1.7	16.0
1998年11月	緊急経済対策	小渕	8.1	6.0	5.9	3.0	23.0
1999年11月	経済新生対策	小渕	6.8		7.4	3.8	18.0
2000年10月	日本新生のための新発展政策	森	4.7		4.5	1.8	11.0

資料：林（1997）等をもとに筆者作成。

この歳出拡大の柱にあったのが、社会資本を形成する公共事業です。道路、上下水道をはじめとする社会資本は、我々国民の生活の質の向上に欠かせないものです。しかし、その整備状況は、欧米諸国と比較して見劣りするものでした。欧米に追いつくべく、政府は、１９６２年の第一次全国総合開発計画を皮切りに、数次にわたって「全総」と呼ばれる総合開発計画を策定し、産業の基盤となる鉄道、道路、港湾等を計画的に整備してきました。こうしたインフラの整備が日本経済の発展を支えてきたといわれています。

しかし、他の国の景気対策を見ると、公共事業よりも減税で景気対策を行うのが一般的であり、日本のように公共事業を積極的に用いることはあまりありません。

景気対策が公共事業に傾斜する理由として、公共事業が利益誘導的な性格を有する点を指摘することができます。同じ景気対策でも、一般に税の効果は全国一律であるのに対し、公共投資は箇所付けによって特定の地域に重点的に配分できる点で、施策のもたらす経済的な便益に明らかな違いがあります。このため、公共事業は、都市部に比べ経済発展が遅れた地方の農村部への地域間格差の是正の手段として活用されました。また、建設業などの特定の産業への需要を増やし、雇用の創出にも貢献しました。一方で、公共事業は、その箇所付けや予算を巡り、地方の中央依存の体質を生み、地方の自立を阻む要因となっています。

公共事業を重要視する政府の姿勢は、日本が世界第二位の経済大国となり、成熟した時代を迎えても変わりありませんでした。１９９１年には、10年間で６００兆円の社会資本を整備する公共投資基本計画が策定されました。計画では本格的な高齢社会が到来する前に、将来世代に豊かな社会資本を残すために、整備を急ぐべきとする推進の必要性が論じられました。

公共投資計画がまとめられた時期は、バブル崩壊によって日本経済が不況に突入した時期と重なります。社会資本整備の緊急性を説く主張が追い風となり、公共事業に偏った景気対策はより大規模となり、新たな景気対策が打ち出される毎に、その規模は拡大していきました。

図４は、行政投資実績から公共事業費の推移を見たものです。１９９０年代中ごろにかけて、産業基盤投資、生活基盤投資いずれも、その目的を問わず、急激に増えていったことがわかります。これはバブル崩壊後の景気低迷に直面しておいて、幾度と繰り返された財政出動が残したものです。公共事業費は、１９９５年度の51・１兆円でピークを迎え、その後減少に転じ、２００２年は35・９兆円の規模まで減少しました。「バブル」とも言うべき、猛烈な公共

図４　行政投資実績の推移

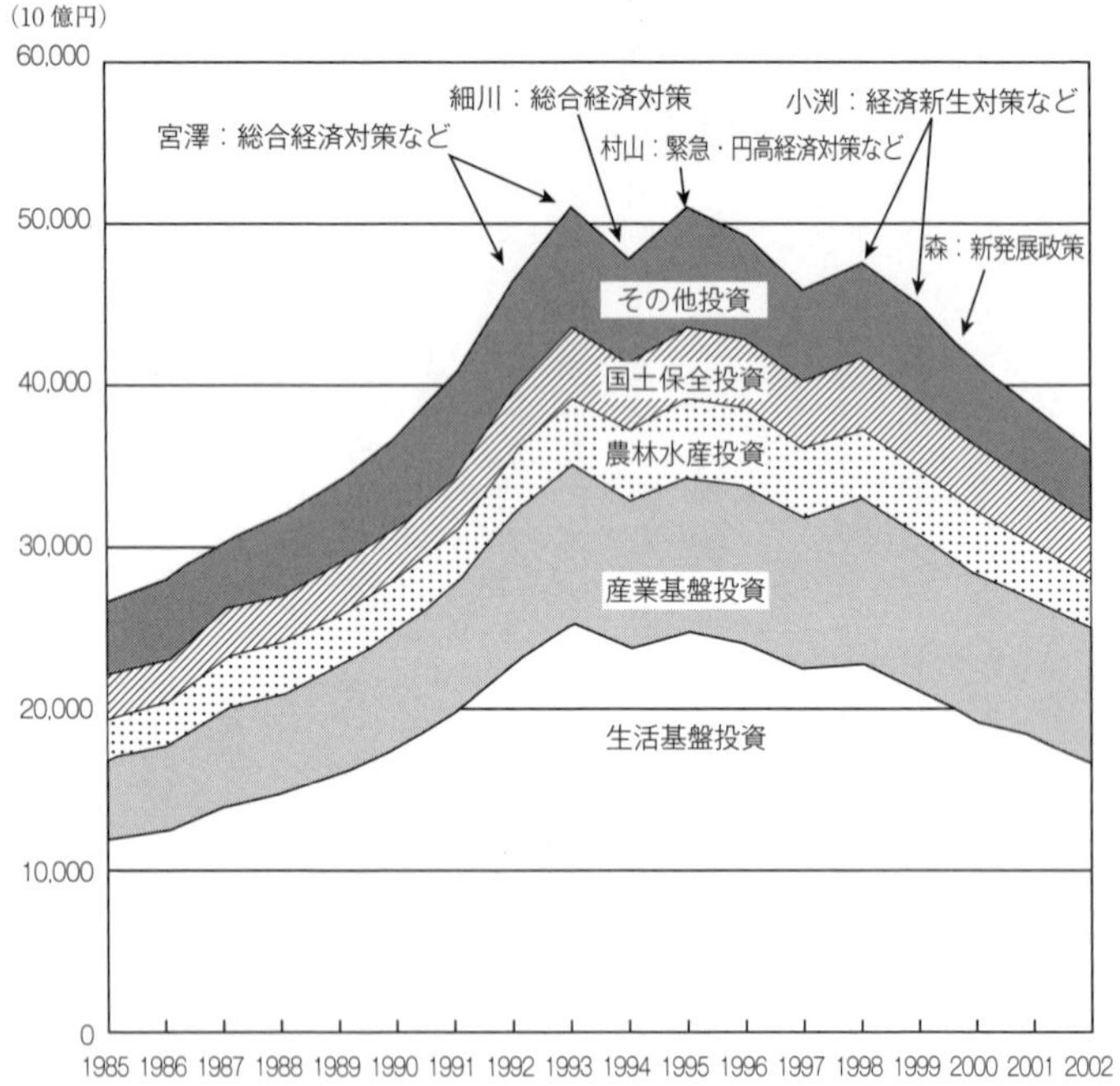

資料：総務省「各年度 行政投資実績」より筆者作成。

事業の拡大によって、わずか10年間で576兆円という名目国内総生産を超える社会資本ストックが積み上げられたことになります。

高齢社会の到来と貧困
——膨らむ社会保障のコスト

景気対策により拡大を続けた公共事業がようやく抑制に転じたのは、2000年に入ってからです。その前後から、社会保障費が公共事業費を凌駕する規模で財政を逼迫させています。表2は、社会保障給付費の推移です。1990年度47・2兆円であった社会保障給付費は、

表２　社会保障給付費の推移

	1970	1980	1990	2000	2009（予算ベース）
国民所得額（兆円）A	61	203.2	348.3	371.6	367.7
給付費総額（兆円）B	3.5（100.00%）	24.8（100.00%）	47.2（100.00%）	78.1（100.00%）	98.7（100.00%）
（内訳）年金	0.9（25.71%）	10.5（42.34%）	24（50.85%）	41.2（52.75%）	51.5（52.18%）
医療	2.1（60.00%）	10.7（43.15%）	18.4（38.98%）	26（33.29%）	31（31.41%）
福祉その他	0.6（17.14%）	3.6（14.52%）	4.8（10.17%）	10.9（13.96%）	16.2（16.41%）
B/A	5.74%	12.20%	13.55%	21.02%	26.84%
高齢率	5.7%	9.1%	12.0%	17.3%	23.1%

資料：国立社会保障・人口問題研究所より筆者作成。

２００９年度には98兆円まで増加しており、およそ20年で倍の規模に膨らんでいます。その間の国民所得はわずか19兆円しか増えていないため、社会保障給付費の対国民所得比（B／A）は、13・56％から26・84％へと急激に上昇しました。

社会保障給付費の国の負担分を表す社会保障関係費もまた毎年大幅な伸びを続けています。２０１１年度予算の社会保障関係費は28兆円に上ります。これは税収40・９兆円の７割に相当します。すなわち、国の税金を社会保障の財源として使うと、手許にはわずか12・７兆円しか残らず、21・５兆円の国債費も賄えない計算になります。

社会保障費の急激な増加は、ひとえに高齢化の進行によるものです。社会保障給付費は年金、医療、介護など主に高齢者向けの費用で占められています。国民皆年金・皆保険が実現した１９６１年当時は、老年人口はわずか５４０万人であり、高齢化率（65歳以上の高齢者の全人口に占める割合）も５・４％にとどまっています。それから半世紀が経過し、現在、高齢化率は23・１％まで上昇しました。また、老年人口と生産年齢人口（15歳以上65歳未満の人口）との比率は２・81であり、１人の高齢者をおよそ３人の現役世代が支える計算になります。

今後、高齢化はさらに進む見込みです。平成23年度版高齢社会白書によれば、老年人口は増加を続け、ピークを迎える２０４２年には３８６３万人に達する見込みです。また高齢化率も、それから10年余り先の２０５５年に40・５％でピークを迎え、国民の２・５人に１人が高齢者となる時代が到来します。

急速な高齢化は、社会保障制度に世代間格差という深刻な問題をもたらしています。医療、公的年金共に、主な受益は退職世代であり、その給付の多くが、現役世代の保険料と公費負担によって賄われています。公的年金は、給付が現役世代の保険料によって賄われる賦課方式に限りなく近い構造になっています。また、75歳以上の高齢者が加入する後期高齢者医療制度では、患者負担を除く医療費の９割が現役世代の保険料と公費の負担で賄われています。２００９年度の国民医療費は36兆円に上り、その55・４％にあたる約20兆円は、65歳以上の高齢者の医療費が占めています。今後、高齢化率がさらに上昇すると、現役世代の負担がさらに高まることが予想されます。

また、わが国では、退職世代と現役世代との世代間の問題に加え、世代内においても格差、貧困等の問題を抱えています。平成17年版国民生活白書によれば、若年者層ではパート、アルバイトなどの非正規労働が増加し、雇用者間での所得格差が拡大しており、特に子育て世代内

コラム6　子どもの貧困率

本文にも記したように、2009年の子どもの貧困率は15.7%です（2009年 国民生活基礎調査の結果）。子どもの貧困率とは、等価可処分所得（世帯の可処分所得世帯人員の平方根で割って調整した所得）の中央値の半分に満たない世帯における17歳以下の子どもの割合を言います。

子どもの貧困が注目されるのは、家庭の経済力が子どもの学力格差を生む要因の一つと考えられ、これが世代を通じた貧困の連鎖を招く恐れがあるからです。貧困の連鎖を断ち切るため、各国でもさまざまな取り組みが行われています。特に、子どもの貧困撲滅に力を入れるイギリスでは、2010年3月に子ども貧困法が成立しました。子ども貧困法は、2020年までに達成すべき子どもの貧困度の目標を定め、政府は必要な措置を講じることが、法律上の義務となりました。子ども貧困法は、貧困に関する4つの指標について、それぞれ達成すべき数値目標を定めています。例えば、相対的貧困率は10%未満、絶対的貧困率は5%未満、物質的窮乏等の複合貧困率は5%未満等です。

わが国には、こうした子どもの貧困の撲滅を義務化する法律はありませんが、子どもの貧困の実体をより多角的に把握できるよう新たな指標の検討が進められています。

においての所得格差の拡大が指摘されています。平成22年版国民生活基礎調査によれば、貧困家庭で暮らす子どもの割合を示す子どもの貧困率は15・7%を記録し、1985年に統計を取り始めてから過去最悪となりました。

しかし、わが国の社会保障制度における現役世代向けの給付は十分とは言い難いものがあります。厚生労働省の調査によると、2011年4月時点での保育所待機児童数は約2・5万人であり、長年にわたって少子化対策を講じてきたにもかかわらず、待機児童の問題が解消される見通しはたっていないのが現状です。諸外国と比べると、こうした就学前の子どもに対する国や自治体の支援は立ち遅れた感があります。(1)

わが国の社会保障制度は、世代間、世代内においてなぜこれほど大きな問題を抱えているのか、高齢化による人口構造の変化、経済成長の鈍化だけでなく、社会経済の変化に対応した制度の見直しが進んでいないという構造的な問題も指摘する必要があります。

わが国の医療制度では、諸外国と比べた患者の入院日数の長さ、医療費に占める薬剤費の割合の高さ、高齢者の医療受診回数の多さが指摘されており、それらは医療費増加の主要な要因と考えられています。しかし、1961年の国民皆保険の確立から半世紀が過ぎましたが、いまだこれらを抜本的に解決する方策は打ち出されておりません。

また、公的年金制度は、終身雇用の正社員が家計を支える片稼ぎの世帯をモデル世帯として給付と負担の大きさが決められています。そのため今の現役世代で増えつつある単身世帯の中には、老後に十分な給付が受けられない世帯があり、また非正規雇用の世帯の中には、被用者年金に加入できない世帯も少なくないなど、制度が想定するモデルと現実との乖離が顕著になっています。

わが国の社会保障制度では、若者に頼った制度設計、近視眼的な政策対応が繰り返されてきました。加藤（2011）が指摘するように、右上がり経済成長を仮定した豊かな社会保障給付や軽い負担等を進めたために、現役世代に対して過剰な請求、過少な給付をもたらす結果となったのかもしれません。

4　財政再建に向けたこれまでの取り組み

シーリングと財政構造改革法

過去の景気対策、そして高齢化による社会保障費の増大によって、わが国の債務問題はさらに厳しさを増すなか、これに歯止めをかける試みが幾度となくなされてきました。

財政赤字に歯止めをかける施策は、シーリングと呼ばれる当初予算の概算要求基準によって行ってきました。概算要求基準とは、概算要求と呼ばれる各省庁が来年度予算で要求する予算について、あらかじめその規模の伸び率に一定の上限を設け、歳出の伸びをコントロールするものです。現在も、シーリングは予算策定の要として機能しています。

１９７９年の第2次オイルショックによる景気後退により、１９８０年代は赤字国債の発行が常態化しました。政府は、１９８１年度を財政再建元年と位置づけ、シーリングによる予算の抑制に取り組みました。１９８２年度予算において、各省庁の概算要求を伸び率ゼロとする「ゼロシーリング」を実施し、また翌年度からは前年度比で一律マイナスとする「マイナスシーリング」を行い、歳出削減に努めました。またその頃、政府は、電電公社、国鉄の民営化等の行政改革に取り組みました。

シーリングのような各省庁の予算要求に等しく一定の上限を課すことは、他の国ではあまり例がありません。日本と同じ議院内閣制であるイギリスでは、個別の分野について複数年度にわたりその伸び率をあらかじめ決定し、政策の優先順位を決めています。井堀（２０００）が指摘するように、一律にほぼ横並びでシーリングをかける量的なキャップが正当化できるのは、すべての経費が同じように政策的な重要性を持っているケースに限られます。

こうした手法が長らく利用される背景には、わが国の予算の特色と言われる、予算査定において予算の限界的な変化分のみ着目する増分主義、縦割り行政と呼ばれる省庁間の連携の欠如を指摘する声があります(3)。図４の公共事業費の推移を見ても、その事業費の目的別シェアにあまり変化がないことに気がつきます。その理由として、公共事業を所管する省庁間の予算配分の硬直性があります。公共事業のシェアは、各省庁で長らく固定化していました。これは経済社会の大きな変化に直面しても、公共事業に優先順位をつけ、予算を組み替える等の調整がなされてこなかったことを示唆するものです。

シーリングそのものも財政規律を担保する手だてとしては有効ではありませんでした。シーリングの対象は当初予算だけであり、景気対策が盛り込まれる補正予算は対象から外れるためです。バブル崩壊後、景気対策を優先する時期においては、シーリングは有名無実化し、歳出の大幅な増加が続きました。

景気対策により国や地方の債務残高の増加が続いた1990年代も後半になって、ようやく財政健全化への新たな試みも行われました。1996年に発足した橋本政権は、新たな財政再建策に着手しました。97年11月には、財政構造改革法が成立し、そこでは財政健全化目標として、2003年度までに国と地方の財政赤字をGDP比で3％以下とし、当初予算の伸び率を前年度比2％に抑制するというものでした。橋本政権の財政再建策が、従来のシーリングの手法と異なるのは、予算規模に量的なキャップを課し、かつ法的な拘束力を持つ点にあります。しかし、改革法成立と同じ年、内外の金融危機に端を発する経済の混乱によって、景気回復を優先すべきとの声に押され、橋本政権は財政構造改革法を凍結し、再び大規模な景気対策に回帰しました。これ以降、財政健全化を目指す新たな取り組みは、小泉政権による歳出・歳入一体改革まで中断されることになりました(4)。

小泉政権の歳出・歳入一体改革とリーマンショック

2001年5月に発足した小泉政権は、不良債権処理を進め、規制緩和、道路公団、郵政の民営化などの構造改革による民間主導の景気回復と財政健全化を目指しました。政権1年目の2002年度一般会計予算では、公共投資の前年度比10％の減額、国債発行額30兆円の堅持を打ち出し、従来のケインズ政策による景気対策から大きく転換をはかりました。

「歳出削減無くして増税無し」という基本方針の原則のもと、「小さくて効率的な政府」を目指し、経済社会の活性化に向けて、産業競争力再生の戦略や歳出構造の改革を行いました。小泉政権は、従来の財政出動による景気対策から決別し、経済、財政の構造改革に取り組むことによって、消費や投資が安定的に拡大する、民間需要主導の着実な経済成長を目指したところに特色があります。

２００６年には、来年度予算の方向性を決める骨太の方針において、今後の財政運営を方向づける歳出歳入の一体改革に着手しました。歳出歳入の一体改革は、２０１１年度の国と地方のプライマリーバランスの黒字化を目標とするものです。この目標を達成するには、約16・５兆円分の歳出削減か歳入の増加が必要と見込まれました。政府は２００７年度から２０１１年度までの５年間でおよそ14・３兆円から11・３兆円程度の歳出を削減し、16・５兆円に足らない部分は、税制改革によって対応する方針を定めました。削減の主な対象は、人件費で２・６兆円、社会保障費の１・６兆円などです。

同年６月に施行された行政改革推進法は、歳出削減の具体的な中身を示すものです。①政策金融改革、②独立行政法人の見直し、③特別会計改革、④総人件費改革、⑤政府の資産・債務改革が重点５分野として位置付けられています。このうち総人件費改革では、国家公務員の定員の５％削減を目標に掲げました。

小泉改革は、その後、安倍、福田、麻生政権に引き継がれましたが、毎年度の歳出削減については対応に苦慮しました。特に、社会保障分野では、骨太の方針に盛り込まれた１・６兆円の削減額の内、国の削減分1・1兆円、毎年2200億円の削減については、生活保護の母子加算の廃止、後発医薬品の普及、そして埋蔵金の活用により、辛うじてノルマを達成する綱渡りの状態が続きました。

しかし、2008年9月のリーマンショックによって、財政健全化への取り組みはとん挫します。08年10〜12月期の経済成長率が前年同期比マイナス12・3%を記録し、戦後最大の経済危機に見舞われました。当時の麻生政権は、歳出・歳入の一体改革による財政健全化の方針を断念することを表明し、再び大規模な景気対策に舵を切りました。総額20兆円を超える経済対策を実施し、先送りされた財政健全化への歩みは、再び出口の見えない状況になりました。

5　財政赤字の理論的分析——変わりつつある日本経済の姿

わが国の財政は破綻するのか。債務累増の罠

これまでの財政健全化への取り組みを振り返ると、ひとたび不況などの困難な状況に直面すると、政府は景気優先の声に押されて、財政健全化への取り組みを先送りしてきました。その結果、1000兆円もの政府債務だけが残りました。しかし、1000兆円の債務を抱えながらも、長期金利は1%前後の水準にあり、空前ともいえる低金利の状態にあります。

わが国の国債が安定的に取引され、新規債の市場で消化されるのはなぜでしょうか。

その理由として、わが国の国債などの政府債務は、そのほとんどが国内の金融機関によって保有されており、外国人投資家の比率が低いことが挙げられます。

表3は、国債の保有者別の内訳をみたものです。アメリカやドイツと比べると、日本は、海外の割合が小さく、そのほとんどが国内で消化されています。特に、国内の金融仲介機関は460・7兆円、全体の67・5％を占めています。その国債取得の原資となるのは1400兆円の個人の金融資産であり、その多くが、預金、保険金の形で保有されています。またこの預金を受け入れている金融機関は、積極的に国債を保有しています。金融機関の中には、ゆうちょ銀行、簡易保険のような公的な金融機関の比重も高く、こうした機関の投資行動は、バイアンドホールドといわれ、国債を中途で売却せず、満期まで国債を保有しています。また、政府自身が国債を82・7兆円（12・1％）、日本銀行も50・2兆円（7・4％）保有しており、政府、日本銀行、そして国内の金融機関と合わせると保有割合は87％にも達します。

金融機関がこれほどまで多額の国債を保有するのは、景気低迷によって民間企業等への貸出しが減少していることが挙げられます。低金利であっても、リスクが低くて価格の安定した国債は、不況で優良な貸出先が見つからない金融機関にとって魅力的な運用手段です。

しかしながら、国債が安定的に消化される状況が、今後も続くかどうかは定かではありません。

1400兆円にもなる個人の金融資産を生みだしたのは、家計の旺盛な貯蓄です。図5は、

表3　国債の保有者別内訳

	政府	割合	中央銀行	割合	金融機関等	割合	海外	割合	個人	割合	その他	割合	合計
日本 (2009年12月) (億円)	827,215	12.1%	502,241	7.4%	4,607,090	67.5%	356,664	5.2%	350,250	5.1%	183,665	2.7%	6,827,125
アメリカ (2009年12月) (億ドル)	8,252	10.6%	7,766	10.0%	15,447	19.8%	37,132	47.7%	7,952	10.2%	1,271	1.6%	77,819
イギリス (2009年12月) (億ポンド)	3	0.0%	2,514	29.4%	3,513	41.1%	2,435	28.5%	64	0.7%	24	0.3%	8,555
ドイツ (2009年9月) (億ユーロ)	5	0.0%	44	0.3%	4,396	26.6%	8,857	53.6%			3,217	19.5%	16,520
フランス (2009年6月) (億ユーロ)	676	3.2%	481	2.3%	11,838	56.8%	7,234	34.7%	424	2.0%	198	0.9%	20,848

注：(1)各国の国債等の内訳は以下のとおり。
日本：普通国債、財投債
アメリカ：政府勘定向け（年金等）に発行する非市場性国債を除く連邦債
イギリス：国債（ギルト・短期国債）
ド イ ツ：国内債券（地方債等含む。）
フランス：ユーロ建譲渡性長期債
(2)各国で所有者の分類が異なっているため、各所有者に含まれる内訳は必ずしも一致しない。日本の「政府」には、財政融資資金も含む。「金融機関等」には、郵便貯金、簡易生命保険も含む。
(3)アメリカは額面ベース、その他は時価ベース。
(4)イギリスの「中央銀行」には一部金融機関も含む。
(5)単位未満は四捨五入しているため、合計において一致しない場合がある。各係数は速報値。
(6)日本：資金循環統計（日本銀行）
アメリカ：Flow of Funds Accounts of the United States (Federal Reserve Board)
イギリス：United Kingdom Economic Accounts (Office for National Statistics)
ド イ ツ：Deutsche Bundesbank Monthly Report (Deutsche Bundesbank)
フランス：Annual Financial Accounts (Banque de France)

出所：財務省「債務管理リポート2010」。

図5　部門別純貸出（＋）／純借入（－）の推移

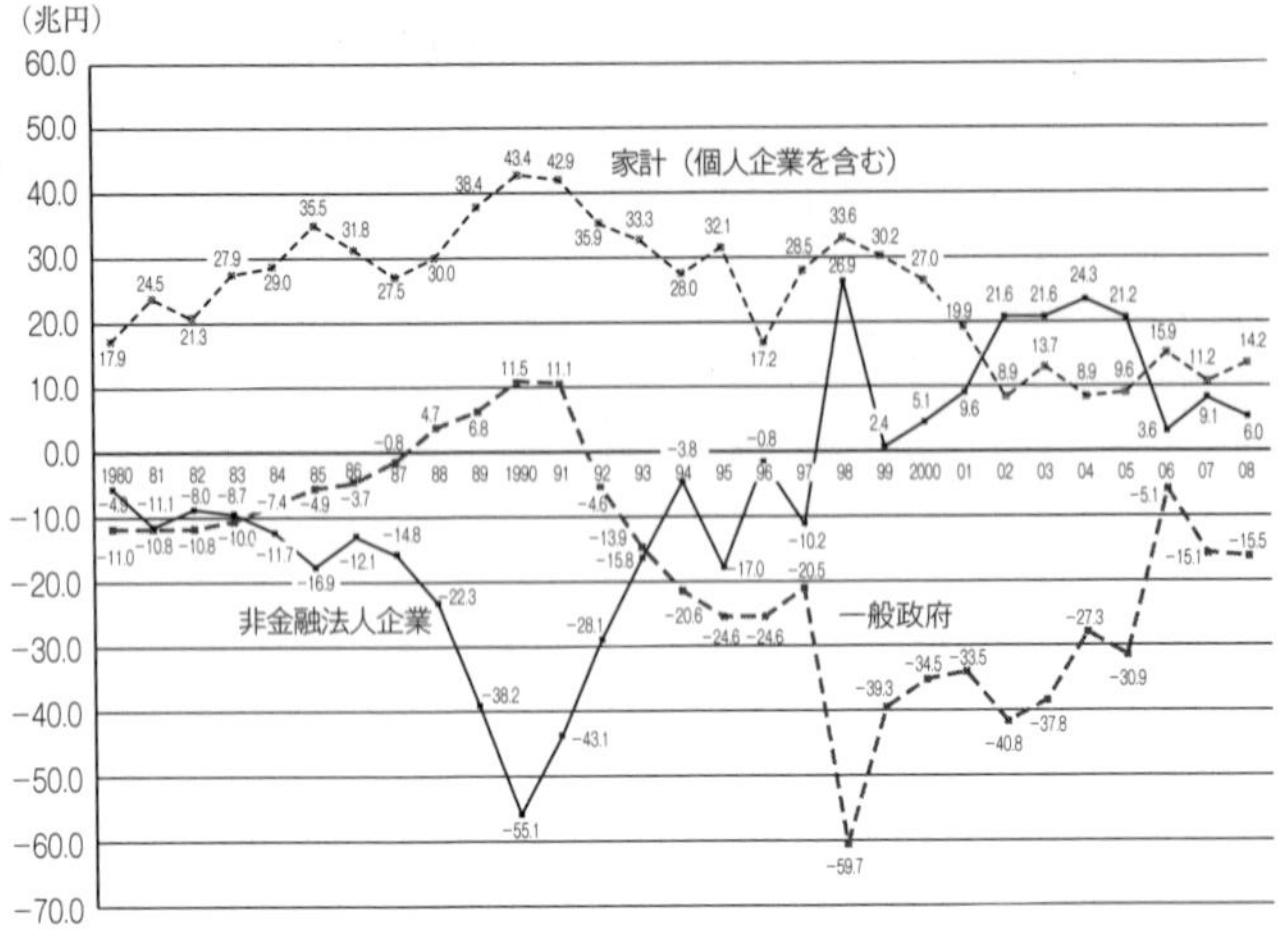

資料：「国民経済計算」（2009 年度版）より筆者作成。

家計や一般政府など経済の部門別に純貸出（＋）／純借入（－）の推移を見たものです。プラスの部門は金融資産を増やしていることを示し、逆にマイナスの部門は、負債を増やしていることを示しています。１９９０年代に家計が生みだした金融資産は、毎年30兆円から40兆円にも上ります。こうした資金が銀行等を通じて、国債の購入に充てられました。

しかし、長期にわたる景気低迷と高齢化によって家計の姿も変わりつつあります。２０００年を過ぎたころから、家計部門の減少が顕著です。かつては20％を超えていた家計の貯蓄率も、この半世紀で2・8％と過去最低を記録し、かつての高度経済成長を支えたような資金供給の担い手としての役割を終えつつあります。

また、これまで積極的に国債を購入していた国内の金融機関も、海外や国内の動向によっては保有リスクが高まり、その保有高を今後も維持できるか不透明です。

国債が今後も安定的に消化され、財政の健全化が実現するか否かは、長期金利の動向が重要です。

プライマリーバランスは長期金利の動向に左右されます。政府債務比率において、長期金利は政府債務残高の伸び率を表し、分母のＧＤＰの伸び率は経済成長率です。長期金利が名目成長率と等しく、プライマリーバランスが均衡した状態ならば債務残高のＧＤＰ比は一定の値にとどまりますが、長期金利が名目成長率を上回っていれば、プライマリーバランスを黒字しないと債務残高比率は上昇します。反対に長期金利が名目成長率を下回っていれば、プライマリーバランスが赤字であっても、債務残高比率を一定に保つことができます。

このように長期金利が低めにとどまる間に、名目と実質の経済成長率をいかに高めるかが、政府にとって重要な課題です。財政再建の道筋が不透明性を増す中で最も懸念されるのは、中期的な財政運営においても長期金利に対する脆弱性が高まっていることです。

長期金利は、幸い長期のデフレにも助けられ、１％前後の空前ともいうべき低い水準にとどまっていますが、１％という低金利だからこそ、対ＧＤＰ比２００％の債務残高が可能になったともいえます。現在でも、償還債を含む毎年の国債の新規発行、償還いずれも１００兆円を優に超えています。１０００兆円規模の債務を抱えている下で、１％前後にある長期金利も今後もし上昇に転じることになれば、その利払い費用だけで十数兆円規模の歳出増となり、財政収支の赤字はおそらく消費税の増税でも賄いきれません。

わが国の債務問題については、海外の保有割合が低いこと、わが国の対外収支はおおむね黒字基調で、国内の対外債権も200兆円を超えていることなどから、これを楽観視する向きもありました。

しかし、ギリシャやイタリアをはじめとする欧州の債務危機を目の当たりにして、もはや対岸の火事ではないという危機感が国内でも強まっています。以下の節では、最近の財政健全化への取り組みを概観し、今後の政策のあり方を考えてみます。

6　財政健全化と成長戦略のパズル

政権交代と民主党の財政運営戦略

2009年7月の衆議院選挙で、民主党が第一党になり、自民党から民主党への政権交代が実現しました。民主党はそのマニフェストで、子ども手当の創設、高速道路の無料化、農業の所得補償制度等の施策を打ち出しました。

新たな政権での財政健全化の枠組みは、2010年6月に公表した新成長戦略と財政運営戦略に表れています。そこでは、小泉政権の歳出歳入の一体改革と同様、成長戦略と財政運営を一体としてとらえ、安定した経済成長と財政健全化の両立を目指すものです。

　新成長戦略は、「強い経済」「強い財政」「強い社会保障」の実現を目指し、「固定価格買取制度」の拡充等からなる21の国家プロジェクトを実行し、２０２０年度まで平均で名目３％、実質で２％を上回る成長を目指す方針です。また財政運営戦略は、国と地方のプライマリーバランスの赤字を、遅くとも２０１５年度までに対ＧＤＰ比で２０１０年度から半減させ、さらに２０２０年度までに黒字化する（収支目標）、さらに２０２１年度以降において、国・地方の債務残高の対ＧＤＰ比率を安定的に低下させる（残高目標）目標を掲げています。また、財政運営の基本ルールとして、歳出増・歳入減を伴う施策の新たな導入・拡充を行う際は、恒久的な歳出削減、歳入確保措置により安定的な財源を確保しなければならないという、ペイアズユーゴー原則が明記されました。

　現在の政策は、財政健全化と成長戦略を同時に目指す点で、先の小泉政権の歳出歳入の一体改革と共通しますが、これは、場合によっては状況のさらなる悪化を招く危険と隣り合わせの政策でもあります。もし経済の安定した成長が実現すれば、歳入も増加し、健全化に必要な歳出削減額は少なくて済みます。その反面、もし成長戦略が成功せず、経済が回復しないままとなると、財政健全化に必要な歳出削減額は一層大きな規模となり、健全化実現がより困難になります。

　図６は、国と地方のプライマリーバランスの推移をみたものです。２００６年度まで赤字幅

図６　経済財政の中長期試算

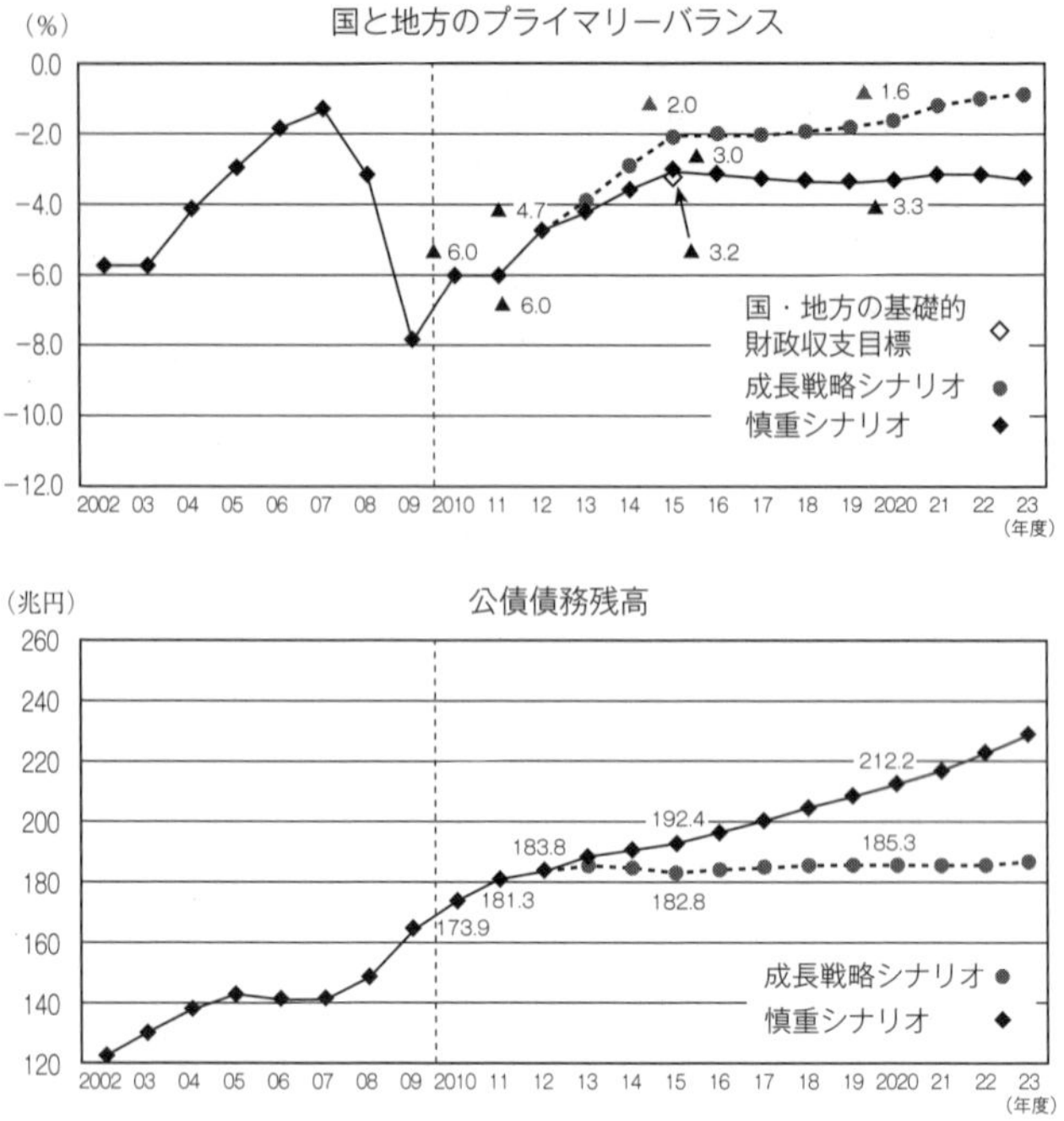

資料：経済財政の中長期試算（2011年８月、内閣府）

が改善しつつあったプライマリーバランスは、２００８年９月のリーマンショックとその景気対策によって、再び赤字が拡大しています。

２０１０年度における国と地方のプライマリーバランスは、対ＧＤＰ比６％の赤字です。民主党の目指す２０２０年度までのプライマリーバランス黒字化のために必要な対応額は、高齢化の進展を考慮すると、歳出歳入の一体改革で見積もられた要対応額16・８兆円をはるかに超える規模となります。いずれにしても、抜本的な歳出や歳入の改革に取り組まなければ、黒字化の目標は実現しません。

２０１２年2月に、政府は、社会保障・税一体改革大綱を閣議決定しました。そこでは、社会保障の機能強化と共に抜本的な税制改革を実施し、そのなかで消費税の税率を、２０１４年4月に8％、翌年の２０１５年4月に10％引き上げる方針が示されました。

わが国の消費税率は、諸外国と比較しても非常に低い水準にあります。現役世代、高齢世代と問わず、税の負担をすることから、高齢社会に適した税として早期の税率引き上げを求める意見もあります。消費税はまた景気の影響を受け難いため、税収の安定化にも寄与するといわれています。

一方、消費税率の引き上げには、根強い反対の声もあります。その理由として高所得者よりも低所得者の税負担が重くなる逆進性の問題があります。また税率の引き上げ幅によっては、消費が落ち込み、景気回復の芽を摘むことになります。さらに、財政健全化の手綱が緩み、歳出削減への取り組みが後退することも懸念されます。

しかし後述するように、最も憂慮すべき問題は、最近の見通しでは、仮に大綱の通りに消費税率を10％まで引き上げても、政府が目標とする財政健全化は達成できない可能性が高いことです。取り得る選択肢も狭まるなかで、今後、政府はどう財政健全化へ針路を進めるべきなのでしょうか、以下で考えたいと思います。

東日本大震災とこれからの日本経済

２０１１年３月11日に起きた東日本大震災は、１万５千人を超える犠牲者、３千人の行方不明者という未曽有の被害を出しました。そして、今も約33万人に上る被災者が仮設住宅等で避難生活を続けています。

同年11月に12兆円の第三次補正予算が成立し、復旧、復興への歩みがようやく始まったところです。被災地の一刻も早い復旧、復興が望まれますが、被災地の被害の大きさとその復興に要する時間は、過去の震災の被害をはるかに凌駕するものです。総額10・５兆円の増税が盛り込まれた同月の復興財源確保法の成立により、財源にも一定の目途が立ったものの、復興債を加えた11年度の国債発行額は55・８兆円と過去最大を記録しており、日本の財政の先行きに暗い影を落としています。

２０１１年８月に内閣府が公表した経済財政の中長期試算は、今後の財政の見通しについて２つのケースで試算しています。それによれば、経済成長があまり見込めない慎重シナリオでは、消費税率を10％に引き上げても、２０１５年度の国・地方のプライマリーバランスは、震災の復旧・復興対策の経費及び財源等の金額を除いたベースで、18兆円程度（対ＧＤＰ比マイナス３・１〜３・３％程度）の赤字が見込まれています。また成長戦略が成功し、安定して経済が成長する成長戦略シナリオでも、２０２０年度の国・地方のプライマリーバランスは、５兆円程度（対ＧＤＰ比マイナス１％程度）の赤字となり、財政運営戦略が目標とする２０２０年度までのプライマリーバランスの黒字化は達成できない見通しです。

プライマリーバランスの黒字化は、財政健全化への一つの通過点に過ぎません。しかし、消費税を10％に引き上げても、黒字化すら実現が困難という予測は、財政の持続可能性に対して悲観的にならざるを得ません。

財政赤字の問題解決のために、残された時間は限られています。わが国の財政は、内外の経済変化に対して非常に脆弱になっているためです。既に述べたように、200％もの債務を増やすことができたのは、ひとえに1％という低位な長期金利によるものであり、その金利の上昇は、大きな財政負担をもたらすからです。

財政健全化への取り組みは、長期化が予想されます。今後、200％に達する債務残高比率はさらに上昇を続ける見込みです。プライマリーバランス黒字化の収支目標を達成し、比率が頭打ちになるのは、早くても2020年代の半ば頃です。さらにそこから真に財政が健全といえる水準まで債務を削減するために要する時間は、超高齢社会がピークを迎える2040〜50年頃までかかると思われます。日本の財政は、今後社会保障費の急増、人口の減少による経済活力の低下などの様々な問題を抱えるなかで、いつ起きるとも分からぬ金利の上昇に神経を尖らせながら、財政健全化を目指すという非常に厳しいかじ取りを余儀なくされます。

2011年8月、政府は今後の財政運営を示す中期の財政フレームを公表しました。それによると、2012年度から2014年度までの3年間、基礎的財政収支対象経費と呼ばれる、一般会計の歳出から国債費等を除いた歳出額を歳出の大枠として71兆円に、また国債発行額を44兆円にとどめる方針です。今後も増加が見込まれる社会保障関係費、地方交付税交付金を含めた歳出に一定の枠を課していますが、国債発行額は非常に高い水準にとどまっています。大幅な歳出削減に踏み切れない理由は、成長戦略のための予算を確保するためと考えられますが、事実上、歳出削減が先送りされた形になっています。いずれにしても、2015年度以降は、一層の歳出削減と国債発行額の減額が必要になります。

従来のシーリングによる予算の硬直性への反省から、23年度予算は、歳出の大枠約71兆円の下で、「元気な日本復活特別枠」2・1兆円を設け、府省を超えた予算の組み替えを行うために、事業に優先順位をつけ、順位の高い事業を採択する政策コンテストが行われました。しかし、どのような事業を特別枠に入れるべきか、その採択の基準は明らかではありません。実際に採択された事業は、農業から防衛までかなり幅広い分野にまたがっており、成長戦略との整合性に疑問が残ります。

震災後初めての予算となる24年度予算もまた特別枠による予算組み替えが行われました。しかし、前年度同様、予算の組み替えは、予算全体のごく一部であり、苦肉の策とはいえ、問題の根本的な解決からは程遠いものです。

政府債務の問題が危機的な状況にあるなかで、活用できる予算は極めて限られています。縦割りともいうべき府省間の連携の欠如は、無駄な歳出を生む土壌に他なりません。成長戦略と称される政策の中身が従来の景気対策からの看板の付け替えで終わらぬよう、政策効果の検証が必要です。震災からの復興が急がれる今、最も懸念されるのは、こうした歳出の無駄が、復興のための予算にも及ぶ可能性です。

財政の健全化のため、今何ができるのか。高齢化の進展、若年層で広がる非正規労働の増加など、人々の暮らしや経済社会における「民」の姿も大きく様変わりしました。その一方で、公務員制度改革、独立行政法人などの改革、特別会計の改革も道半ばにあるように、「官」は、旧来のままの姿をとどめており、これが思い切った施策への足かせになっている印象があります。

財政健全化と成長戦略の両立という難しいパズルをどう解くべきか、政府に残された選択肢は非常に限られており、これを打開する新たな方策が求められています。

おわりに

バブル崩壊によって、わが国の財政が財政健全化から歳出拡大路線に方向を転じておよそ20年、さらにその拡大路線から財政健全化へ再び方向転換した２００１年から10年が経過しました。あれから日本のＧＤＰの水準はほとんど変わらぬまま、政府債務だけが増加しています。高齢社会においても将来世代にわたって豊かな経済社会を実現するために、今後どのような改革と経済財政運営を行うべきか、今一度再確認すべき時期に来ています。

２０１１年12月、政府は、今後の重要政策の基本方針を定める国家戦略会議を開催し、経済成長と財政健全化を同時に実現するための「日本再生の基本戦略」を策定しました。社会保障・税の一体改革と共に今後の具体的な施策が注目されますが、大震災という未曽有の苦難を乗り越えなければならない今こそ、真の日本経済再生への道筋を示す必要があります。

〈注〉

（1）加藤（２０１１）を参照。
（2）わが国の医療制度の問題点については、大森（２００９）を参照。
（3）予算策定過程における諸問題について、詳しくは、青木昌彦、鶴光太郎（２００４）を参照。
（4）内外の経済的混乱の経緯については、田中（２００２）を参照。
（5）井堀（２００７）は、小泉政権の財政構造改革について、消費税の引き上げ問題が次の安倍政権に先送りされた点などから、政権にとって財政赤字の削減は重要な政策目標ではなかったのではないかと指摘している。

〈参考文献〉

青木昌彦、鶴光太郎編（２００４）『日本の財政改革：「国のかたち」をどう変えるか』東洋経済新報社
井堀利宏（２０００）『財政赤字の正しい考え方』東洋経済新報社
井堀利宏編（２００４）『日本の財政赤字』岩波書店
井堀利宏（２００７）『「小さな政府」の落とし穴：痛みなき財政再建路線は危険だ』日本経済新聞出版社

井堀利宏（２００７）『「小さな政府」の落とし穴』日本経済新聞出版社
上村敏之、田中宏樹編（２００８）『検証 格差拡大社会』日本経済新聞出版社
厚生労働省（２０１１）『平成23年度版高齢社会白書』
大森正博（２００８）『医療経済論』岩波書店
櫻井宏二郎ほか（２０１１）『日本経済未踏域へ：「失われた20年」を超えて』創成社
田中隆之（２００２）『現代日本経済：バブルとポスト・バブルの軌跡』日本評論社
林宜嗣（１９９７）『財政危機の経済学』日本評論社
真渕勝（２００９）『行政学』有斐閣

永江雅和（ながえ・まさかず）

1970年　福岡県生まれ。一橋大学経済学部卒業、一橋大学大学院経済学研究科博士課程単位修得。博士（経済学）。日本学術振興会特別研究員を経て、現在、専修大学経済学部教授。

専攻：日本経済史。

著書・論文：「第一次農地改革期の農地移動－埼玉県都市近郊農村の事例を中心に－」『日本史研究』468号、2001年。「食糧供出と農地改革－埼玉県南埼玉郡八條村を事例として－」『土地制度史学』161号、1998年。橘川武郎・粕谷誠編『日本不動産業史』（共著）名古屋大学出版会、2007年。西田美昭・加瀬和俊編『高度経済成長期の農業問題』（共著）日本経済評論社、2000年。

兵頭淳史（ひょうどう・あつし）

1968年　大阪府生まれ。九州大学法学部卒業、同博士課程単位取得。九州大学法学部助手、法政大学大原社会問題研究所嘱託研究員、東京大学日本経済国際共同研究センター客員講師などを経て、現在、専修大学経済学部教授。

専攻：社会政策、労働問題。

著書：『労働組合の組織拡大戦略』（共著）御茶の水書房、2006年。『新自由主義と労働』（共著）御茶の水書房、2010年。『現代労働問題分析』（共編著）法律文化社、2010年。『新自由主義批判の再構築』（共著）法律文化社、2010年。

山中　尚（やまなか・たかし）

1960年　東京都生まれ。一橋大学経済学部卒業、一橋大学大学院経済学研究科博士課程単位修得。一橋大学経済学部助手を経て、現在、専修大学経済学部教授。

専攻：金融論、企業金融論。

著書・論文：「為替レートの浸透効果」『一橋論叢』1990年。「政策金融と財政投融資：資金供給機能に関する研究の現状」『経済分析』第140号、経済企画庁経済研究所、1995年。吉岡恒明他『現代経済学（第2版）』（共著）多賀出版、1998年。吉岡恒明他『最初の経済学（第3版）』（共著）同文舘出版、2011年。

中野英夫（なかの・ひでお）

1965年　東京都生まれ。慶応義塾大学経済学部卒業、慶応義塾大学大学院経済学研究科博士課程単位修得。高崎経済大学経済学部専任講師を経て、現在、専修大学経済学部教授。

専攻：財政学、公共経済学。

著書・論文：上村 敏之・田中宏樹編『検証 格差拡大社会』（共著）日本経済新聞出版社、2008年。上村敏之・田中宏樹編『「小泉改革」とは何だったのか―政策イノベーションへの次なる指針』（共著）日本経済新聞出版社、2006年。井堀利宏編『日本の財政赤字』（共著）岩波書店、2004年。

著者紹介〈執筆順〉

田中隆之（たなか・たかゆき）

1957年　長野県生まれ。東京大学経済学部卒業。博士（経済学）。日本長期信用銀行調査部ニューヨーク市駐在、長銀総合研究所主任研究員、長銀証券投資戦略室長チーフエコノミスト、専修大学専任講師などを経て、現在、専修大学経済学部教授。

専攻：日本経済論、財政金融政策。

著書：『現代日本経済 バブルとポスト・バブルの軌跡』日本評論社、2002年。『平成バブル 先送りの研究』東洋経済新報社、2005年（共著）。『「失われた十五年」と金融政策』日本経済新聞出版社、2008年。『金融危機にどう立ち向かうか』ちくま新書、2009年。『日本経済 未踏域へ 「失われた20年」を超えて』（共著）創成社、2011年。『総合商社の研究　その源流、成立、展開』東洋経済新聞社、2012年。

遠山　浩（とおやま・こう）

1963年　京都府生まれ。同志社大学経済学部卒業、専修大学大学院経済学研究科博士課程単位修得。日本債券信用銀行（現あおぞら銀行）、投資会社等を経て、現在、専修大学経済学部准教授。

専攻：中堅企業論、地域産業論、中小・ベンチャー企業金融論。

著書・論文：関満博編『中国の産学連携』（共著）新評論、2007年。関満博、池部亮編『「交流の時」を迎える中越国境地域』（共著）新評論、2011年。「川崎中小製造業の新展開」『日経研月報』2011年12月号。関満博編『震災復興と地域産業』（共著）新評論、2012年。

伊藤恵子（いとう・けいこ）

愛知県生まれ。早稲田大学理工学部卒業、筑波大学大学院修士課程地域研究研究科修了、一橋大学大学院経済学研究科博士後期課程修了。経済学博士（一橋大学）。財団法人国際東アジア研究センター上級研究員、専修大学講師などを経て、現在、専修大学経済学部准教授。

専攻：国際経済学、応用経済学、産業組織論。

著書・論文：「東アジアにおける貿易パターンと直接投資：日本製造業への影響」、松本和幸編『経済成長と国際収支』第6章、日本評論社、2003年。「垂直的産業内貿易と直接投資：日本の電機産業を中心とした実証分析」（共著）『日本経済研究』第51号、2005年。"Determinants of the Profitability of Japanese Manufacturing Affiliates in China and Other Regions: Does Localization of Procurement, Sales, and Management Matter?" The World Economy, Volume 33, 2010年（共著）。「政府統計ミクロ・データによる生産性分析」（共著）藤田昌久・長岡貞男編著『生産性とイノベーションシステム』第2章、日本評論社、2011年。

日本経済 その構造変化をとらえる

2012年3月24日　第1版第1刷発行

編著者　田中隆之
発行者　渡辺政春
発行所　専修大学出版局
〒101-0051 東京都千代田区神田神保町3-8
㈱専大センチュリー内
電話 03（3263）4230㈹
印刷・製本　藤原印刷株式会社

Printed in Japan ISBN978-4-88125-270-3